# 理念崛起



接下來的時代，

**別人要的不是你的「夢想」，**
**是你的「理念」！**

做對你的生存選擇，富貴就會自動找上你！

準 備 面 對
**2015**
**~**
**2025**
台灣社會大蛻變
突破盲點，看見你的
**生涯契機**

章成、M．FAN｜合著｜

# 理念崛起

章成、M・FAN｜合著｜

目錄

## 第3章 你站在第四次文明大蛻變的臨界點 71



## 第4章 迎接更有愛的時代 99

# 自序

這是個風起雲湧的年代，台灣的社會，乃至於全球，都衝突不斷。但所有衝突的原點很簡單，就是為了一件事：「錢」——社會財富的M型化問題。由於政商勾結，被M型化拖下水的，包括了環境的品質、社會的公義、人心的道德，乃至連前人一點一滴爭取而來的民主與自由，也跟你的薪資一樣，實質在倒退了。所以說「為了錢」，社會的腐化可以說已經「包山包海」。

時至今日，煮青蛙的溫水終於開始有點發燙了，於是有愈來愈多人想要阻止自己的未來朝更壞的方向發展，衝突因此開始發生，一波未平一波又起。在這個過程中，無論是直接投入、間接關注，甚或是試圖置身事外的人，都很難不情緒起伏、壓力倍增。有很多人雖然知道自己不可以將頭埋回沙子裡，但只要一觀看世局，內心憤怒、沮喪和無力感的情緒立刻襲來，真不知道該怎麼辦。

很多人對於各種社會不公不義的事情，心裡也知道不應該冷漠不關心，但自己光是應付每天在學校或職場的考試、工作，扮演好家庭中的角色，就幾乎沒有多餘的力氣和時間了。偶爾真的放下一切去參加了一場遊行回來，又看到新的社會議題不斷浮現，不禁覺得：自己負擔得起這麼大的成本嗎？會不會「革命」未成，自己先掛了？於是也不免覺得，想要改變看似積重難返的社會問題，何其困難！

那麼，有沒有一種，用最小的成本，卻是最快的速度，可以扭轉社會發展，轉向公平、均富，從各行各業到政府機構都逐漸回歸正途的方法？有沒有一種一方面可以改革社會，一方面又能照顧好自己，甚至讓個人生涯在這個時局取得更大競爭力的方法？

當很多人都在喊，經濟不景氣，社會又動盪不安，怎麼賺得到錢的時候，讓我們告訴你：上述兩個問題，答案真的是有的，而且答案剛好都是同一個方法。闡述這個方法，就是本書的目的。而一旦你知道了自己可以怎麼做，並且覺得這樣做是有希望的時候，你的活力立刻就會重現了。

這不是一本寫給專家學者看的書，這是寫給你的——從大學生到小老闆，各行各業的人士。所以裡面不會有艱深的名詞或理論，它很易懂，也很容易做。而老實說，如果大家都意識到本書所要揭露的信息的話，台灣社會很快就要邁入前所未有的幸福時代了。

就這樣！Let’s GO！

第1章

# 一個關鍵詞，讓你站穩下一個十年

我們預測，世界將從二〇二五年開始進入「理念時代」，
可是，就從此刻開始，「理念」將成為接下來十年，社會潮流的「關鍵詞」，
擁有理念的人，以理念做事的人，在接下來的十年中，將是他們崛起的大好時機。

# 1 壞消息就是好消息

二〇〇八年全球金融海嘯以來，世界變得很不平靜。台灣呢？景氣也一直沒有真正好轉。如果你有留意到的話，便當店的便當盒子其實最近還偷偷變小了那麼一兩公釐，就好像 Google 最近悄悄修改了 Logo 的字母間距似地，非常微小，但還是改變了。然後，二〇一三年到二〇一四年，台灣社會明顯地充滿抗爭、衝突，顛簸得好像在坐雲霄飛車，尤其一個反服貿學運，真是對兩千三百萬人帶來極大的心理震撼；這個震撼並不只是運動的本身，而是突然讓大家意識到，我們台灣的處境原來這麼糟糕嗎？好像不簽某個東西就會馬上死，可是簽了也只是換一種死法。

除了這些比較大的議題之外，生活中也壞消息不斷，什麼胖達人、山水米，各種黑心食品、官商弊案，甚至還有恐怖的捷運隨機殺人事件……有人居然說，不用怕了，反正一個壞消息總會被另一個壞消息給解決。

詩云：「不識廬山真面目，只緣身在此山中。」一件事情如果靠它太近，反而會看不清楚。如果一個人只看新聞報導的話，一定無法看清楚台灣局勢，可惜這占了台灣人的絕大多數。要「看見台灣」，你確實要離開地面，到高空上去看。

如果你能夠站在人類歷史演化的高度上去看，你會有很驚人的發現：這貌似最黑暗的年代，卻真的是最光明年代的開端；而且，是前所未有的光明。

本書就是要帶你去看這個視野，看了以後你會豁然開朗，也會更知道自己該怎麼做，還會趕快把這本書推薦給所有你認識的人。

廢話不多說，真材實料還是要趕快端上桌才算數。不過，先告訴讀者我們的上菜順序。

本書分成四大章節，第一章要先告訴你，接下來這十年（從二〇一五～二〇二五），台灣社會最吃香的關鍵字會是什麼？但我們先不解釋為什麼，而是先告訴你如何運用這個關鍵字，去規畫你的工作，讓你不用再害怕不景氣。第二章要告訴讀者，你所痛恨的所有社會的不公不義，怎麼用一個不用上街、不用流血、成本最低卻最有效的方式來解決。我們要告訴讀者的作法，會讓台灣社會真的大翻盤！你會知道，這真的是唯一可以推薦給親朋好友的最有效方法。然後在第三章，我們就來談談，如果提高到人類歷史演化的高度去看，為什麼台灣在十年之後，將會進入前所未有、最光明的時代？從第三章的論述中便解釋了，為什麼「理念」會是接下來十年的關鍵字。最後一章，我們則要描述二〇二五年之後的社會，最主要的特色是什麼，給大家看一看那個多麼值得期待、也值得我們努力以赴的畫面。

## 2 醒醒吧！小確幸

「我安分守己的生活，盡了我該盡的義務，那麼我想過著自己簡單的日子，不想管社會上那些騷動與抗爭，難道不對嗎？」有的人也許會這麼想著，尤其面對近來社會的各種風波，不免會聽到這樣的心聲。

這讓我想起舞蹈家羅曼菲在生前癌末時，還被詐騙集團詐騙數百萬元的新聞，也讓我想起我的一位大學同學，平日菸酒不沾，年紀輕輕卻罹鼻咽癌過世的事情。很多事情不是對不對，而是能不能？

開車的時候，只要遵守交通規則，就該得到安全保障，對嗎？既然繳了稅，生了病的時候去看健保，就該得到應得的醫療，不對嗎？但這些都不是對不對的問題，而是能不能？社會一直在變，我說我不變，是否可能？你專注於跳舞，但詐騙手法變了；你老實上班，但空氣品質變了。就算我說我很喜歡 Window XP，我不要換，但很顯然這樣不是不對，而是沒有辦法。

所謂「自己的日子」，也許代表著放假日，稍微穿得漂亮一點，輕鬆地上街跟朋友喝喝下午茶。也許有人覺得自己的小確幸只是那麼小，這是應得的。可是，這個「小確幸」真的是這麼理所當然地屬於自己應得的嗎？

去年我去馬來西亞演講，當地的女性朋友開著車載我去吃夜市。找停車場的時候，我說：「太好了，那邊有一個，它寫免費的呢！」她立刻說那個不行，那種雖然是政府免費設置的，但如果你停進去的話，就會有印度人來跟你「收停車費」，如果你跟他們爭執說這是免費的，他們就會砸你的車。後來我們吃完了夜市，去收費的停車場拿車時，我們一坐進車子裡，她立刻先將車門上鎖，然後才放下包包準備開車，嘴裡一邊叮嚀我：「在吉隆坡一坐上車一定要先鎖門，不然很容易讓搶匪搶劫你。還有，絕對不要在街上一邊走路一邊拍照，因為拍照的時候最容易被搶，如果要拍照，就要停下來先留意一下周遭再拍，萬一真的被搶，千萬不要掙扎，因為他們有槍。」

我這位朋友說，這幾年，馬來西亞的搶劫變得非常多，多到什麼程度呢？朋友大家在一起聚餐聊起這個話題的時候，幾乎每一個人，要不是自己，就是身邊的朋友或家人，就有被搶的經驗。我聽了覺得很不可思議，隔天也詢問了主辦單位的一位工作人員，他跟我解釋說，因為政府開放了太多外籍勞工，結果金融海嘯後經濟不景氣，好多人都被裁員了，然而很多外籍勞工不願離開，留在大都市裡成了黑戶，真的活不下去的就開始犯罪了。然後他告訴我，政府開放過多外籍勞工這件事，當初不是沒有人反對，但是執政黨為了自己的選票，不管怎樣就做了。現在馬來西亞年年喊說要發展觀光來提振經濟，問題是這種治安，怎麼發展觀光？

其實，人在社會中生存，本來就無法在生活中畫出一個虛構的框框，然後說：「框框裡面是我的生活，我只想管好框框裡面的生活就行了。」因為每一個人每一天的生活所需，都是跟其他人深深交織著的。當你周末假日想看場電影的時候，因為有清潔人員在你進場前先打掃好了環境，你才能順利坐進乾淨清爽的位子裡，毫無顧忌地開始享受；如果有一天他們被裁員縮編，一個人要負責更大區域的清潔工作，你就會發現坐到髒東西的機率變高了。

把框框的幻覺擦掉，人才能看見真相：其實沒有一件事情是理所當然的。台灣本來沒有消基會、沒有消保法，沒有讓你爆料的媒體、也沒有罵總統的自由，過去甚至連留長髮的男生都會被警察當街抓去剃頭，更不用說舉行同志大遊行了。原來這簡單的日子是多麼不簡單得來的！所以，當有「我只想顧好自己的生活」的念頭的時候，是不是也忘記去感謝這個「自己的日子」，其實是多少人的貢獻才有的呢？

就算是只想顧自己好了，但是就在我們主觀地想「維持現狀」時，許多形勢還是悄悄地在被改變當中；因此，因循著過去那一套不改，也不能再讓你繼續照顧好自己了。所以面對社會頻繁的騷動，我們都必須從自己的舒適圈中抬起頭來，瞭解真正的大趨勢，找到更上一層樓的方法。為了大家設想，就是為自己。

如果你也同意了，那麼現在，就讓我們一起去尋找這個紛擾時代的新藍海吧。

## 3 「夢想」，老梗！「理念」，讚！

當此世局，人們最渴望什麼？找到答案一點也不困難。

在唯利是圖的世界裡，當弊端已經深入社會每一個領域、人民自己深受其害時，人們會開始意識到「有理念」的事物的珍貴，也會非常渴望遇到「有理念」的人事物。所以，如果你是以有理念的方式去做你的工作、設計你的產品、提供你的服務，你就是這個時代將會崛起的人。

答案就是這麼簡單。這也是為什麼近幾年，各種標榜天然、有機、手作、遵古法製造或是環保製程的事物，如此迅速大行其道的原因。人們寧願多花一些錢也要購買，就是因為這些東西的背後有大家想依靠的「理念」，人們渴望遇見有原則、不唯利是圖、真正願意為消費者著想的製造者。

現在很多人都知道「故事行銷」是效果最大的行銷方法，一個產品、一個人的背後如果有一個故事去支撐，將會得到很快速的認同感與口碑效應。那麼「故事」為什麼動人？其實就是因為「故事」在告訴你，這個人或這個產品是「有一個精神內涵在背後的」，而這就是「理念」。

接下來的時局中，舊社會的龐大陋習還會繼續一段時日，但是在此同時，你會聽見這個曾經熟悉卻又好久不見的語詞，又開始流行起來；它將會取代「夢想」，而成為你在往後十年，讓你的生涯成功最重要的關鍵字。

過去的成功，總強調個人的夢想、強調你個人顛峰成就的追求，這是受到大家鼓勵與欽羨的，因此這樣的人，總會被鎂光燈照耀，獲得滿堂的掌聲與羨慕的眼光。但在未來，由於人們已經看清楚，很多人所謂的「夢想」後面的操作和自私自利，甚至發現「夢想」已經變成商人用來炒作行情、牟取暴利的行銷手法。漸漸地大家會感覺，另一個詞語更能夠吸引他們的內心，更能夠對應他們的渴望，那就是「理念」。

所謂的「理念」，代表著真實地為了別人著想而確立的行事原則。若用最廣角的視野來定義，所謂的「有理念」就是：**不是只考慮對自己有沒有好處，也不是只考慮對台灣有沒有好處，而是考慮對人類整體、對人類的下一代有沒有好處，有這樣去考慮，就叫做「有理**

念」。

因此「有理念的人」就是：開始去學習這樣思考，以這個角度去吸收知識；並且用這樣的知識去分辨人事物，只支持有理念的企業、參選人、店家；而對自己的工作，也灌注了理念在其中的人。這樣生活的人，就是下個時代的「新人類的模式」。

所以，若想在接下來的社會氛圍中崛起，成為被大家支持的人，只要開始願意去照顧人們真正的需要，你會發現，時局對你剛好是最有利的。

## ◆有理念，IN！沒理念，OUT！

其實，好的東西的背後，都有「理念」。譬如大部分的茶壺在倒完茶的那一剎那，茶水都會沿著壺嘴流向壺身，甚至滴落在桌面上，造成麻煩；可是有一些茶壺的壺嘴設計，就可以讓茶水巧妙地在壺嘴上含住，讓倒茶的動作俐落清爽，讓人用的時候非常安心。這兩款茶壺的設計者差別在哪裡？就在於後者多了一個「想法」，想要為大家解決那個擾人的問題，讓使用者可以更輕鬆、更容易地維持乾淨，以這樣的想法去做出更進步的茶壺，這就是有理念。

以前上廁所時（男廁），常發現手中的提包沒有地方放置，必須夾在手上很困難地進行；但漸漸地，很多廁所都在小便斗上方加裝了承板讓你置物，提著大包小包進入這樣的廁所，就覺得很放心。可是如果下雨天帶著濕淋淋的雨傘，要放在置物板上，就會把置物板弄濕，對後面的使用者會造成不便，但若將濕淋淋的雨傘夾在腋下，又行不通，怎麼辦呢？日本的很多小便斗旁，都已經設計了讓你能夠鉤住雨傘的小橫桿，用起來真的非常方便，常常會讓我想：台灣什麼時候才會有呢？其實只是一個非常簡易的設計而已，但是願意去為人解決真實的需要而去做設計，這就是有理念。

你會發現，好用的東西之所以好用，都是因為研發者願意付出更多心思，去改進東西的品質或是先前的缺點，當然在市場上，它們就會受到歡迎。例如「好神拖」一問市沒多久，就創下非常亮眼的銷售成績。所以「理念」並不是曲高和寡的想法，也不是只有選舉時才在講的東西，而是生活中一直真正在為大家改善生活品質的大功臣。

可是相對的，也有很多人，賺錢或做事的方式是以圖利自己為出發點的，那就是「沒有理念」。譬如遠通電收當初標下了ETC，還把感應器故意設計了特殊的電池規格，變成你要換電池的話，還得買他們家的才行，很不方便。結果是在大家的抗議聲浪下，他們才將電池改回一般規格，然後輿論就更是譁然：「原來本來就是可以這樣子的嘛！」讓社會大眾對遠通電收產生了非常負面的評價。

有很多做生意的人都是在賣他們覺得利潤高的東西，而不是你真的需要的東西；甚至是用說謊塑造了「假理念」，來抬高東西的價格，這更是「沒理念」。然而，這幾年這些作法開始大量被戳穿了，「胖達人麵包」就是一例。它是因為標榜採用天然酵母、不加人工香精，所以瞬間爆紅，即便比較貴，大家都願意掏錢購買，結果沒想到它根本是作假的。如果不是網路時代，就算有人覺得胖達人的宣稱應該不實，也可能只能跟身邊認識的幾個人說說而已。然而在網際網路的時代，只因為有一個人在自己部落格寫出了嚴重質疑的文章，幾天內在網路上就達到數十萬人次的驚人傳閱率，於是傳統的單向媒體才緊跟著報導，變成全民皆知的轟動大事，接著政府相關單位就不能不介入調查了。這一調查，幾億資金規模的一家公司就在半年內收了。

因為大量的上網時間，使得人們不斷在生活的柴米油鹽醬醋茶中，被別人的經驗與資訊機會教育，大家變聰明的速度愈趨同步，也愈來愈快速（甚至愈後面加進來瞭解的人，因為已有前人的整理，反而花的時間愈短）。在網路的世界裡，你一言我一語的情報交換，就像是迅速匯聚的洪流一樣，把每個人的「視野之船」都同步墊高了。當一個人被騙，學聰明的可以是十萬個人，其間所需要的擴散時間非常的短，因此以假理念包裝的人事物便很容易破功，瞬間崩跌。

所以，自網路時代開啟以後，「欺騙」是愈來愈難持久、也愈來愈不容易的。如果你說：「那為什麼我們愈來愈看到，到處都是欺騙和黑心事物呢？」其實，這個「到處都是」的發現，正是因為「到處都紛紛被暴露出來」的緣故。希望你恍然大悟，其實這正是因為網路，讓很多人把自身的經驗、知識與別人交織起來了，才讓過去一直在欺騙你的招數紛紛露出馬腳，大量曝光！這剛好證明了，這是一個最好時代來臨的徵兆（就像身體開始在排毒一樣）。

也剛好是在陰謀、假象與黑心的事物紛呈的年代，人們才會更渴望看到真正值得託付和信任的人事物出現，然而他們卻不再像以往那樣容易被欺瞞、被操控了；所以，物極必反，一個屬於真正有理念的人出頭的年代，開始了。

## 4 你如何在「理念時代」崛起？

在現在這樣的社會景氣中謀生，真的很困難嗎？其實每個時代都有每個時代的需求，如果能夠明白人心的趨向，對自己的事業開展，一定會有很大的幫助。所以我們不妨來思考看看，在「理念」愈趨被重視與需求的年代，我們可以怎樣重新考慮自己的工作重點呢？

### ◆未來是靠「搭配」功力勝出的時代

「理念」並不只是一種道德層次的觀念而已，其實它非常具有技術層次的意義。反映在技術層次上，有理念的人，會在自己要做的工作上，具有很強的「搭配能力」。而這會是在未來的創業或就業環境中勝出的必要關鍵。

「搭配」是什麼意思？就是在同業的資源條件都差不多的狀況下，組合出更符合人性需求的服務或產品。現在最夯的大數據（Big Data）處理分析技術（Data Technology），在商業用途上，正是將更加精準的個性化服務，視為未來最關鍵的核心競爭力。用普通的話講，這就是「搭配力」。

為什麼在未來，「搭配」能力這麼重要？首先，在網路時代，由於每個人（或公司）取得各種資源（與數據）的能力變得愈來愈相同，許多 Know-how 的透明化程度也愈來愈高，所以讓你勝出的「獨家」，必須是你搭配的功力（也就是分析數據、重組產品的能力）。

就以開咖啡店為例，不管是什麼咖啡豆，你拿得到的，別人也拿得到，所以你的優勢會在哪裡？不就在於：同樣的咖啡豆，你煮得特別好喝嗎？那麼為什麼有的人煮的咖啡特別好喝？因為他瞭解用什麼水質、什麼溫度、什麼機器、甚至什麼器皿，去煮咖啡、盛裝咖啡，會讓咖啡喝起來最好，而他們願意這樣去執行，這就是搭配，也就是有理念。

如果說，你的咖啡只能是普通的水準，那就要在別的部分有很強的搭配。譬如你的店在整體的風格、動線的安排、桌椅的比例與細部的舒適度，甚至音樂的挑選、音量的控制、服務的適切度……如果能夠營造出一種最好的氛圍，讓人一進來就想窩著不走，這同樣是一種優秀的搭配表現，也能勝出。所以你會看到，有些咖啡店的裝潢並沒有花很多預算去做，可是卻創造出非常有味道的空間，生意反而比花大錢去裝潢出來的店還好。也有些走專業路線的咖啡店雖然很陽春，可每天都是一堆開著名車的人跑去坐在騎樓下的臨時桌椅，指名要喝某個人泡的咖啡。

「搭配」能力會愈來愈重要的第二個原因是：在社群媒體盛行的時代，人們資訊交流的速度與頻繁度是空前的，因此在知識與經驗的成長上也比過去迅速；表現在消費方面，也會形成一種M型化趨勢，就是消費者會愈來愈快知道，「什麼是真正的好東西」與「哪裡有真正的好東西」，所以這對於只想混口飯吃、撈錢、趕搭流行的創業者，將形成愈來愈嚴苛的生存環境。

例如同一條街，你愈來愈常看到，生意好的店就一直人滿為患，生意不好的店就一直小貓兩三隻，客人寧願拿號碼排等，也不會去隔壁沒人的那家店。因為在網路時代，喝咖啡的客人會一直交換好咖啡店的訊息，對咖啡的知識也不需要漫長的時間一點一滴自己累積，而可以直接下載。所以他們更快速的知道好的店、好的咖啡是什麼樣子，於是那些不真的為顧客著想的開店者便顯得相對遲鈍，不知民意為何，生意落差便很快就顯現了。

這種落差在電子商務上是最明顯的：真正好用的系統馬上爆起，不好用的介面無論花多少廣告預算去打，都會很快流失使用者。第一名的業績與第二名有遠遠的差距，是各行各業都愈來愈呈現的狀態，其實這就是數位時代的特徵：「搭配力」的強弱，猶如「現世報」一般，會很快得出結果。一個不夠好的服務模式無論規模多大、歷史多久，只要有一個更好的新模式出現，都會在很短時間內，就被淘汰。

## ◆「會搭配」，就是「擅長為別人的需要提供更好的答案」

我有一次搭計程車，司機先生知道了我是一個心靈工作者之後，他問：「所以你的工作就是，如果有人心裡有問題，你就負責開導他，是這樣嗎？」我說：「不只是這樣喔，心裡沒有問題的人，也想要做事事半功倍啊！教導他們怎麼做到，也是我的工作。」結果他說：「哈！那這我兒子很需要。」

我不知道他是怎樣定義自己的工作的，但環視他的車子以後，我覺得也許他的定義是：「計程車司機就是：有人上車要去哪裡，你就把他載到目的地。」但是我曾經坐過一輛計程車，他的車上插著盛開的百合花，然後還問我想聽什麼音樂？我也曾經遇過一個耳鼻喉科的醫生，他除了幫我開藥之外，還教了我怎樣改進發聲技巧；我還去過一家早餐店，在我感冒的那天，額外送了一杯熱的金桔茶給我。有一次我在國外因為搭不上飛機而臨時走進一家旅行社求助時，旅行社的小姐除了幫我更改機票、改訂旅館，還主動把隔天應該幾點走出旅館去搭哪一班火車，才能順利上得了飛機的時間表推算給我看，並寫在紙上讓我帶走。

所以你的工作是什麼？你有更好的答案嗎？為什麼有的人在他們的工作上，會給我們物超所值的驚喜？他們讓我們意識到，他們比別人對工作有著更多的理念，他們的定義是更加寬廣的，而這個寬廣度，事實上照顧到了顧客原本就存在、卻未被正視的需求。而因為他們願意正視顧客所有的需求，所以他們逐漸變成了非常敏銳又懂得怎樣重新「搭配」自己工作內容的人。

如何成為「搭配」專家？訣竅就是**「更仔細地聆聽社會的需求，從而擴大你對自己工作的定義」**。

想想看你所做的事是如何服務別人的？試著用別人的角度去想，並且更深入地去設想每個細節，你就會發現，事實上還有很多可以搭配進你的工作裡的事，或是重新組合你的工作內容，而這會讓接受你服務的人感受到，他們除了表面上的需求被完成之外，連潛在的需求也被照顧了。而從這個思考裡面，你也會重新領悟到，你的工作其實有著比之前你所認知的、更多的價值和意義；那麼，你就開始對自己的工作建立起「理念」了。從這一刻開始，你就是在這個時代具有崛起資格的人了。

我們再用「好神拖」來當作一個範例，看看上述的思維如何實踐在實務上。該產品在問世之後，不僅獲得了好幾個國際性的設計獎，初問世的一年三個月內，據說就創下了近十億元的銷售額。為什麼它這麼大賣呢？因為設計它的人，願意更仔細的去聆聽消費者在拖地時內心的心念、感受，才能發現拖地過程中其實一直存在的需求，例如：

- 拖地時常需要停下來（例如接電話），這時就得小心翼翼地找牆面擱拖把桿，結果拖把桿還是倒下來。
- 擠拖把不想用手，但用腳踩的話，又踩不乾。
- 傳統拖把的拖布條常常會被家具鉤住，然後脫落。
- 有一些夾縫因為拖把頭太厚進不去，常常就算了，但那其實還是想要清潔的地方。

設計者把這些我們在拖地的時候心裡的ＯＳ，全部面對了；縱使我們已經適應了現存的拖把，甚至都沒有意識到自己的需求，可是當你第一次使用了這個產品以後，立刻就會拋棄其他的拖把，甚至還會熱心介紹給親朋好友。

正視人們在與你的工作接觸過程中的所有需求，那麼你就會開始擴展你的工作的定義，而這個定義會讓你更成功；因為一旦你願意正視顧客所有的需求，你就會進入一個學習的歷程，開始變成一個「擅長為別人的需要提供更好的答案」的工作者，那麼你就擁有了最受歡迎的競爭力。

阿里巴巴集團主席馬雲二〇一四年六月二十九日在清華經管學院二〇一四年畢業典禮演講中說：

未來三十年，中國的變革會更大，機會更大。從我這個行業來講，這個世界從IT（Information Technologe）時代正在走向DT（Data Technologe）時代，這兩個字背後的思想、文化、社會……方方面面都會發生很大的差異。絕大部分的人今天站在IT的角度看待世界。什麼是IT？IT是以我為主，方便我管理。DT是以別人為主，強化別人，支持別人。DT思想是只有別人成功，你才會成功。這是一個巨大的思想轉變，由這個思想轉變產生技術的轉變、技術的轉型。

這段話的意義正是在說，未來是個「以理念崛起」的時代！所謂的產業升級，其實具體的意涵就是要變得「更有理念」。例如婚宴餐廳就只是一個舉辦婚禮的空間而已嗎？思考到這個特殊人生事件的發生場合，能不能在其中注入更多的理念，於是給出更細緻、更多元性的服務呢？咖啡店只是一個放鬆聊天的地方嗎？體會著不同人來到咖啡店的目的，或許你更能夠變化出意想不到、卻更受歡迎的作法。洗車，就只是把客人開來的車子洗好嗎？思考到這件事在顧客生活中扮演的角色和意義，說不定也能發現他們更潛在的需求。

「搭配」就是：在同業都可及的資源中，重新創建你的工作，為別人的需求提供更好的答案。這甚至並不需要花費更多的成本，就好像果汁店裡頭早就有木瓜和牛乳，也早就有金桔和檸檬，但是把它們搭配起來所產生的威力，遠比分開要強大太多。

「搭配」的能力確實是需要學習的，但是沒有學校能教你這個永遠可以更上一層樓的東西。**只有真正關心別人的人，才能夠藉由持續學習，變得愈來愈有理念，提供出更貼近別人需要的服務或產品。**

大部分經濟學者看台灣的經濟發展問題，幾乎一致認為：台灣經濟真正的問題是產業沒有升級。但那是什麼意思呢？其實說白了，就是過去台灣的產業剛開始還有理念，還願意本著做生意最基本的法則去做事：要賺更多錢，就要提供更好的東西。但是愈到後來就愈沒有理念，只要能賺錢就好了，於是開始拋棄了對研發、對品質、對更好服務的投入，一切以利潤為主；後來甚至變成提供更爛的東西，卻想辦法用欺騙的方式賣更高的價錢。例如一個奶粉罐看起來很大，上面還畫了虛線說加量多少公克，結果一打開，奶粉只裝了三分之二的高度。這就是台灣的產業！曾幾何時已經走到了要用這種毫無未來的騙術，才能因應所謂不景氣的狀況。

然而真的是因為不景氣，所以只能用炒作的、欺騙的、黑心的方式去成功嗎？當然不是。這幾年台灣的電影為何能又逆勢成長？我們從這裡可以看到真正的答案，這個答案是社會大眾用消費行動來告訴我們的：當你願意投入成本，用心去說一個故事，每一個人都感覺得出來。

所以「理念」不是曲高和寡的東西，剛好相反，它是真正願意去照顧人們需求的「愛」。在這個貪婪的、到處都在騙人的資本主義自由市場，每個人最渴望的就是被有理念的作為真正的照顧到（即使詐騙集團自己都不想吃到黑心食品）。所以，有理念的搭配，會在這個時代創造更大的口碑，而豺狼虎豹的掠奪模式，也將會逐漸地被愈來愈清醒的社會大眾抵制，行不通了。

「有理念」的去做工作，並不是說不能有私心，甚至於，你是為了自己發展的需要而去找出理念都可以。因為當你用理念去工作，你所得到別人的回饋，會讓你感動，讓你更體會到自己工作的價值，那個時候，你就真的成為一個有理念的人了。

第2章

# 一個方法，就能引發社會大翻盤

每個人都移動一點點，對整體社會，就是走了一大步。

# 1 網路加持、臉書灌頂，你卻還不知道發生了什麼事

你痛恨這個社會充滿不公不義，正義和公理卻無法伸張；你也痛恨官商勾結、貧富不均，老百姓只能眼看高官富賈吃香喝辣卻拿不出一點辦法。但你並不知道，自己正站在人類歷史演化上最幸運的年代，你的手中握有幾千年來沒有任何一個朝代的老百姓擁有的武器，那就是你每天會把「啾咪」照片放上去的那個東西！沒錯，就是網路。別說你已經知道網路的威力有多大，你真的不知道，因為你還沒有充分地善用它來顛覆世界。

現在，讓我們用一點齊柏林的空拍法，來「看見網路」。

## ◆網路世界的四大特質

### 1.發言權去階級化

過去，行政院長一講話，所有媒體都會刊登，你如果知道他在說謊，也只能在電視機前罵給旁邊的人聽；假如你有反對意見，還得花時間投稿給報紙，媒體也不一定幫你刊

登。可是現在，當你是透過網路看到行政院長的發言新聞或影片時，你可以隨時在底下留言反駁、戳穿謊言或是提供專業意見，甚至你還可以提供大家會有興趣的另一個資訊的連結。所以，就同樣使用網路、正在看這則新聞的人而言，你的發言其實與行政院長的發言被放在幾乎同等的位置了；於是，只要你表達的內容比行政院長說的更言之成理，它會立刻抵銷官方發言的任何優勢。也就是在網路上，說服力成了勝出的關鍵，階級性差異被消弭了。

過去沒有網路的時代，雖然你有電視、廣播和報紙，但那都是單向傳播的媒體，所有的資訊都必須經過少數人的同意（如報社主編、電視台長官）才能流向你，所以就發言權和意見導向權而言，少數人永遠比多數人擁有更大的權力；可是在網際網路上，這樣的階級無法存在，每個網友都可以成為資訊中心，只要大家想聽他講話。所以這意味著，如果你真的很有見解，你不可能被埋沒。

## 2.資訊透明化

例如發生了一件車禍，當事人也許可以各說各話，但你會發現，如果事情鬧大了，被以各種手機、監視攝影機、行車記錄器拍攝出來的各種角度的畫面就會陸續流出，而讓真相愈來愈清楚，如果有人說謊的話，就很快會被拆穿。現在的手機甚至能夠立即上傳影片到網路上，因此每個人隨時搖身一變，就是事發現場的記者，要像過去一樣把事情搞成羅生門，難度愈來愈高。

又例如以往，某一個人到底是怎麼說的、怎麼做的，你都只能通過了第三者的「報導」去知道，如果是斷章取義，或者曲解事實，廣大的受眾也很難去問問那個本人的說法。可是現在，你只要去上那個人的臉書，便可以看到當事人自己的原文，就好像你自己去問他是一樣的，那個當事人也可以直接告訴大家他想說的事情，而不必經過第三者的編輯。同樣的，如果任何人發現了被隱匿的資訊，他都可以放上網路，讓事件各種角度的訊息愈來愈完整；這樣的透明化，使得任何社會議題或社會事件，就彷彿一顆握在手裡的棒球，你可以拿在手中旋轉、端詳、瞭解。所以這意味著，想騙人的人，會愈來愈快破功。

### 3.資訊擴散速度「爆炸化」

一個人想教大家怎樣三秒鐘剝一個蛋，透過網路，可以在幾天之內讓數百萬人、數千萬人、甚至上億人觀看。這意味著什麼？如果你有一個大家都覺得很棒的點子，在現實世界，你有可能被埋沒，但在網路上絕對不可能。並且，如果大家很想要知道它，可以在短短幾天內，就有成千上萬的人「已經知道」了。這表示，一個經驗或一個知識要「普及化」的時間，縮短到了一個人類歷史上空前的程度。

現在所有網路新聞平台，都在新聞訊息的下方架設了社群媒體的留言條及分享鍵，很多時候，新聞下面的留言甚至比新聞本身要精采和更具可看性。而任何你想傳播出去的新聞，只需一按「分享」鍵，就立刻刊登在自己的臉書或部落格上。這些又意味著什麼？不就意味著，在網路上，任何一則資訊，只要它是大家渴望的，就會以類似等比級數的幅度「炸開來」嗎？所以在網路的世界，誰的資訊成為主流，不再是由任何政府、公司、團體決定的，而是由所有在網路上的人用他們的「分享鍵」決定出來的。而這則意味著，在網路上，你可以一下子讓很多人知道你的好點子，你的影響力可以一夕之間擴散出去。

### 4.經驗雲端化

每分每秒，都有人在網路上查詢資訊，例如：「哪一種型號的不鏽鋼才是可以用作食具的？」、「舌苔跟身體健康的關係」、「有沒有人買過某某牌子的新產品，好用嗎？」、「誰有某某在立法院答詢時用的那張圖表？」「不小心把硬碟格式化，求復原程式？」以前，這些問題，你只能打開你的電話聯絡簿，還不確定能夠去打擾誰；可是現在你只要丟上網路，立刻可以搜尋到許多有用的資訊。「前人種樹，後人乘涼」，在網路上，你特別能感覺這句諺語的真實。

「每個人一點點的分享，造就了這個偉大的有求必應。」這是在我們的另一本書《回家》裡面的話，這是在說：當每個人都與每個人分享時，這聯合起來的力量就是所謂的「神」。所以大家把 Google 暱稱為「Google 大神」，這種依靠感，確實是搜尋網站給每一個使用者的感受。在網際網路上，我們可以在需要的時候立刻得到別人經驗與知識的傳承，而這個「別人」是如此的數量龐大、串連今古。

例如二〇一四年太陽花學運在進行的時候，有人只是在網路上要求：「我們需要自己的播音系統！」馬上就有廠商搬著專業的機器設備進場。有人說：「我要號召募款！」馬上就有人提供具有公信力的網路募款平台，原來連公開募款，早有現成的網站在提供這種服務了。

在網路的世界裡，各行各業的專業者，他們的知識、經驗與能力，全部是每一個人的潛在資源，這在人類文明史上是空前的。過去沒有一個人窮畢生之力能夠蒐集這麼多資訊，並且自動不斷地更新，然而現在的嬰兒一出生就有了。因此，出生在網路世代的人們，每個人都可以踏在「網路大神」的肩膀上往前進，你無需從零開始做事、學習，而可以在別人的成果上直接往更高的層次發展。那麼這就意味著，有想法的人透過網路，真的可以像變形金剛那樣，在很短的時間內匯集資源，組合出一個龐大的成果，而這在以前，則需要靠經營多時的社會人脈才能達到。

※

以上這四個特點在告訴我們什麼呢？簡單說，你已經「天蠶變」了，你已經「阿凡達」了，可是你還在「啾咪」。你根本不知道，如果你敢揮一拳出去，你會把不公不義的人打得飛到空中叫不敢。其實，「網際網路」在上帝、佛陀、阿拉的百寶箱裡面，是一個不得了的神器，它真正的大名叫做「社會翻盤加速器」。如果大家從上述四個特質意識到我們可以如何去利用，那麼人民聯合起來的力量，就像一個「哥吉拉」，沒有什麼爛政府的爛政策能在你面前繼續下去。

## 2 網際網路，是人類歷史上前所未見的「社會翻盤加速器」

就在這短短幾年內，有一個也許大家都不知其重要性、但實際上非常重要的事情發生了，那就是：在不知不覺中，大部分人每天「上網」的時間，漸漸超過了「看電視」。

過去「電視」曾經所向無敵地取代了「廣播」、「報紙」，成了強勢媒體的代名詞，就這麼稱霸著市場，幾乎像是可以天長地久下去了，當時沒有人能想像，還有什麼媒體的魅力能夠超越「電視」。然而，網際網路誕生了，剛開始，似乎還屬於年輕族群的時髦玩意而已。可是就在每個人手上的手機紛紛改換成智慧型手機以後，也才區區幾年時間，從學生到青壯年，每天的上網時間已經超過了看電視，滑手機成了全民共同的現代手勢。那麼，從文明發展的角度，這究竟隱含了什麼重大意義？

當大部分的人都上網，並且上網的時間比看電視、報紙和廣播還多的時候，這代表著：人與人之間的訊息，以更直接且更少限制的方式連結在一起，繞過了傳統的單向傳播媒體；於是在不知不覺中，**網路悄悄地將人類權力的結構，從「由上而下的統治」，真正地**

**改變成「由下而上的治理」，徹底翻轉了從有人類歷史以來的權力模式了**。可以說，在下一章我們將會說明的「第三次人類自我價值大蛻變」帶來了「民主」的普世價值，但真正的民主時代還沒有到來；真正的民主時代，會在即將到來的下一次、也就是「第四次人類自我價值大蛻變」之後，才真正落實，而網路科技正扮演了催生真正民主最重要的力量。

也許有人會說，現在已經是民主選舉的時代，甚至於在台灣，各級民意代表全部是直選的，難道權力結構不是「由下而上」的嗎？這根本把「權力」這件事看得太表面了。真實的權力其實取決於誰擁有「知識」（資訊），如果「知識」（資訊）是由上而下的，那麼權力仍然是由上而下。只有知識（資訊）是透明的、自由的，而且所有人都能夠輕易地、平等地知悉的時候，真正好的東西或想法，才能夠由下而上的出頭，而這才真正能夠落實民主。反之，不妨尋思：如果說現在確實是民主的，何以人民一直無法抑制得了房價、打擊得了官商勾結的種種弊端呢？

網際網路帶給我們這一代人類歷史上前所未有的力量，它給我們這一代人類獨有的特別環境，使得我們翻轉社會舊結構的歷程，可以在一個不可置信的高速中運作。所以，我們該怎麼做呢？

你不必然要走上街頭，才能夠改變這個社會許多惡質的現象，雖然上街頭有時非常必要，但這不可能是你生活的常態。在網路時代，事實上，有一個可以讓社會的改革很平順進行的方式。它能讓這個翻盤，就像「西瓜偎大邊」這句諺語所形容的一樣，不需要用力去打敗作惡質事情的人，而是讓他們自己覺得大勢已去，反過來倒向你，這將會是社會成本最低、改變速度最快的方案。

這個方案就是：請開始過著「有理念的生活」。

「有理念」的意思是：不是只考慮對自己有沒有好處，也不是只考慮對台灣有沒有好處，而是考慮對人類整體、對人類的下一代有沒有好處，有這樣去考慮，就叫做「有理念」。

「過有理念的生活」的意思是：開始去學習這樣思考，用這角度去吸收知識，並且用這樣的知識去分辨人事物，只支持有理念的參選人、店家，並在自己的工作裡面注入理念。

真的只要這樣子就行了！

不信嗎？我們把生活分成「政治參與」、「消費行為」、和「生活習慣」這三大塊，來談實際在生活中是怎麼做？而當你看完之後，相信你會非常認同，這個方案確實是最值得推薦的作法。

## 3 過有理念的生活——政治參與

現在台灣之所以會有重重弊病，不是高官富賈有多麼腐敗貪婪，而是我們最大多數的一般人，還過著沒有理念的生活，我們都只考慮私利，或看得很短。可是未來十年、二十年、三十年……你自己和你的小孩如果還活在這個世界上，會自己嚐到這個苦果，這個就是「現世報」。

例如台灣的選民很多人都認為民意代表是「來幫我做事情的」，這是錯誤的，這會變成賄賂。會幫你做事情不代表他會「用心」做事情，他可以在某些你要求的選民服務上給你好處、幫你關說或給你一些特權，但他利用你的選票去當選以後，就在那裡貪污、害人、做出損害我們自己及下一代生活的各種事情，這樣子，你也是間接的幫凶。

所以，**台灣人都說自己重人情，但有「理念」才是真的重「人情」**。選舉是要去選有理念、抱負的人，而不是去選「會替你做事」的人。對於政黨也是一樣，你所支持的政黨執政以後，是要去制訂政策治理國家的，那麼他們提出什麼具體政策了嗎？這些政策有沒有理念？理念在哪裡？不用怕別人給你洗腦，你只要回歸到良知去問自己：這個政策對下一代是有幫助的嗎？所以重點是：每一個人要開始去學習做長遠的思考，不能糊塗過日子，讓騙你選票的人去監督治國者，然後再回過頭來剝削你，這不是好的「民主」，好的民主就是人們自己要有理念。人民糊塗，民主就不會好。

那麼實際上該怎麼做呢？首先要開始去分辨什麼是「有理念」的政見。譬如「拼經濟」根本就不能算是理念，「會幫你做事情」也根本不能算是政見。**候選人的政見裡面，必須具體說明自己要做的事，也必須說明為什麼那樣可以讓大家都好？為什麼不會讓貧富差距又愈來愈大、錢都流向金字塔高端？要做的事情，為什麼可以減少污染、永續環境，讓下一代可以更好？**我們應該要求檯面上的候選人就自己提出的政見，詳細地回答上述的問題，讓全民來審視。

其次，選票是選給有理念的人，而不再是選給「有政治資源」的人。有人會說：可是如果他太嫩，沒有政治手腕，能選嗎？其實，當愈多選票去支持有理念的人時，有理念的人就愈不需要手腕，而能夠以理念去做事。因為網路的發展終將取代單向媒體成為主流，所以未來的政治，真正的監督者將是全部的人的眼睛，因此政治的生態是會整個翻轉的，不要再以為，政治圈必須的「能力」是在於結黨營私。

如果檯面上，你覺得都沒有有理念的人，那怎麼辦？不要再認為自己必須從爛柿子裡面挑一個比較不爛的，也不要再相信那種「為了拉A下台而把票投給B」的邏輯，這些事實上都是政治人物常用來操控選民的把戲。我們真正應該做的事，就是找尋有理念的人，社會團體如果覺得誰是有理念的，就要大力支持他出來選。

有人也許會擔心，這會不會太理想化？有理念的人出來選，萬一選不上怎麼辦？事實上就是因為這種擔憂，中了政客的計謀，永遠跳不出被現有權力結構威脅的框架。社會改變本來就不是寄託在一次選舉，就算這次所支持的有理念的人落選了，但是他的票數也會對整個社會形成一種風向球。比如說，如果邀請有理念的人出來參選，他得到了六分之一的選票，雖然沒當選，可是就讓檯面上其他沒有理念的候選人，少掉六分之一的選票。這邊少六分之一，那邊多六分之一，在社會觀感上，甚至會有「三分之一」的民眾改變了民意取向的感覺，這影響就很大了。其次，有理念的人平常對於社會議題早就很有研究，會講出更具體的政見，於是他比較專業的看法，反而透過選舉被更多選民知悉，這些都可以對其他參選者形成考驗，也會刺激他們改變。

只要我們絕不投票給沒有理念的政治人物，寧肯投給有理念的新人，經過幾次選舉，民意的風向球就會很快改變，因為當票數差距變得很小時，會突然間讓更多的人相信，支持有理念而沒有「政治資源」的人，是真的可行的，那麼下一次選舉就會翻盤。

也有人會說，想參選的人也可以包裝成有理念啊，我們怎麼知道他是不是真的呢？首先，就算是包裝得很好而當選，基本上他也要往那個理念的方向走才不會再被拉下來。此外，政治人物口號式的理念，通常是沒有做好功課、沒有長時間研究的，當他出來講的時候，有研究的人是可以看得出來，那是真才實料還是臨時包裝的。如果是真的理念，就一定會有比較具體的作法和實際的政見，只要他一提出來，就能夠讓社會去檢驗了。請再也不要忘記，這是一個前所未有的時代，因為有網路，你就算不懂，也有人能教你去看懂、幫你去質疑，如果政客拿出的是不夠專業的說法，很快就被打槍了，而這些大家全部都可以看得到，是透明的。政治人物在玩什麼把戲？是否前後不一致？馬上就會被看清楚，大家都會看得到，這就是全民監督的威力。

當大家都要求理念的時候，政客一遇到選舉，就會發現自己愈來愈無力了。當有理念的民眾愈來愈多時，政客手上的方向盤就轉不動了，「操盤系統」開始失靈，甚至發現，方向盤被有理念的人硬是轉到了另一個方向，即便拿出各種常用的爛招試圖打擊、抹黑或模糊焦點、轉移注意，以為民眾就會被騙或遺忘。但現在這些爛招，反而讓人民更有智慧，更快學習到該如何破解、反應。政客們再也無法遏止人民因為理念而發出的聲音。

這還會造成你原先意想不到的骨牌效應。有一些政治人物也是有理念的，但因為之前的生態環境，他沒有辦法去實踐，因為在他上面的人沒有理念。可是當「他上面的人」是所有人的時候，也就是這個社會所有的一般人都願意醒過來用理念監督政府的時候，政治人物裡面有理念的人也可以立刻啟動。所以其實，整個形勢的改變是可以非常快的，就好像智慧型手機一上市以後，NOKIA可以一瞬間從那麼大的王國突然消失一樣。

當然，你去支持有理念的人，雖然短時間經濟不會更好（不過現在也沒有好到哪裡去），可是只要大家都用理念去堆砌你的選擇，十年之後的台灣就會完全不一樣。要看的是十年後、十五年後，這些你都享受得到的。

在「政治參與」這個部分的最後，我們來談一談社會運動。現在很多抗爭活動，引發了很多抗爭的新創意源源不斷地出來，可是你要怎樣得到更多人的支持，而不會因為對生活產生干擾而遭到社會輿論的阻力？答案是，「訴求」和「理念」是不同的，不要只陳述「訴求」，而應該要加強陳述「訴求」背後的「理念」。不要讓人覺得你只是為了私利、或自己的遭遇、或自己想保護的東西而去抗爭，而是要藉由自己的遭遇，去說出你更大的理念出來，為什麼支持你的行動會讓大家都更好？這是必須不厭其煩、非常清楚地陳述的。如果你很清楚說出你的理念（不只是訴求），以及為什麼需要如此？是會得到更多人的支持的。

如何過有理念的生活？

**在政治參與上：**

- 不要選「會為你服務」，而沒有具體政見的人。
- 不要選「有政治資源」，而沒有具體政見的人。
- 不要選有政見，卻沒有理念的人。
- 誰有理念，就要大力推他出來選。
- 不在爛柿子裡做選擇，只選有理念的人。
- 用理念去監督政治人物的一言一行。
- 社會運動，要盡量清楚陳述「訴求」背後的「理念」。

## 4 過有理念的生活——消費行為

如果你有理念的去消費，商人就會變成從利人利己的原則去考量，而不是純粹以自己的利潤、從銷售數字去考量。

很多商人本來也是有理念的，是到後來拋掉了理念。為什麼？因為他們看到民眾並不支持有理念的作法，他們得不到應有的回饋，反而被不肖業者贏過，他們也就逐漸放棄理念，隨波逐流，以賺錢為主。然後他們也知道台灣在停滯，也覺得這個地方沒有希望，但是他賺到了錢，有能力在國外好山好水的地方去過他的生活，他就這樣做，他覺得只能顧得了自己就好，（我們很多人不也是這樣想的？）這就是一個惡性循環。

但是，就以食品安全來說，這幾年由於不斷的爆料，網路不斷的瘋傳，造成了廠商第一時間更迅速的處理的風氣，甚至推動了某些法規的改變，已經可以看見進步。但爆料之所以有效，是因為民眾透過這些爆料和瘋傳，逐漸累積了知識，也就逐漸在消費行為當中注入了更多理念，對廠商和政府都造成了監督的壓力所致。

所以如果你對於自己的消費行為更有理念，台灣的商業就會逐步回歸正軌，這個企盼不是每一個人的嗎？但只有消費者自己去堅持，才有可能，不可能去期待既得利益者自己主動先做的。

所以實際的作法是什麼呢？首先就是，對於有欺騙行為的廠商，就必須要抵制。譬如胖達人這種企業，它做麵包就是為了撈錢，用假理念去欺騙有理念的人，雖然它的麵包並不是不能吃，但既然知道了真相，這樣的店就不能去消費。之前鼎王火鍋的廣告造假事件，有些人心裡的想法是：「這家口味我很愛吃，就算發現廠商有些地方是欺騙的，比如捏造故事等等，但只要食物是ＯＫ的就好，我也不是因為它的故事去的。」其實自己明知道那樣騙人就是不對的，但是為什麼會變成對這個「不對」沒有任何反應了呢？這是我們需要自省的。只有向下沉淪的社會，才會對「不對」的事開始保持沉默，或說「別人也都這樣做，只是他比較倒楣被抓而已」。

抵制黑心或說謊的廠商，雖然會讓我們一時感到不方便，但它會給我們帶來長遠的幸福；抵制也不是永遠的，當廠商有誠意的回應，也改善了，接受了法律的裁罰，我們就不需要繼續抵制了。可是這個「抵制的能力」就像消費者手上的一把尚方寶劍，你不能自廢武功，將這把寶劍丟棄。所以做一個消費者如果不曾抵制過什麼，請再考慮一下這樣到底好不好。

其次，當你手中有錢，想去做投資的時候，你想投資的企業要做任何的發展，你就要去問：他的理念是什麼？他發展這個東西對大家的幫助是什麼？比如企業要做一個科技產品，除了用途之外，它可以用多久，它環保嗎？或是企業想發展一個新的連鎖店，那麼他能提供大眾什麼更好的品質、更好的搭配？而不只是想透過炒作、流行，來分一杯羹。

本來趕搭流行風潮並沒有什麼錯，但沒有理念的發展，到後來就會變成對消費者的「養、套、殺」三部曲，會走向為個人牟取財富而不管他人死活，這幾乎沒有例外。其實企業也有「人品」，你可以從主事者過去的作為看到，他到底是不是個有理念的經營者，還是他追求的只有私利。如果是素行不良的企業，你就不要出資給它，不要去買它的股票，這也是有理念的消費。

**有理念的生產者，是「提高產品的品質」，而不是「提高產品的價值」**。

這句話可以提供給大家，作為評估一個企業是否有理念。以前的商人想賺更多錢的時候，他會透過研發更好品質、更創新好用的東西，來吸引消費者掏錢購買，因為是用「更好的理念」去賺錢，改善了大家的生活，所以是健康合理的賺錢方式。

比如說以前汽車的方向燈只裝設在車頭和車尾，可是對並行的車輛來說，並不一定看得到，所以就有人做了改良，變成兩側車門之前也有小方向燈。這樣的改良增進了交通的安全，用這樣來獲取更多訂單，就是合理的賺錢方式。

又譬如說，現在都市的污染與噪音問題很嚴重，長期下來，其實影響到國人的健康與精神品質，所以有人提議逐漸把現有的摩托車淘汰，替換為電動摩托車。這樣的想法是在增進大家健康的理念之下所做的產業政策，在創造很大產值的同時，台灣的環境品質也被推向更好的一個階段，這就是「有理念」的賺錢。

相反的，沒有理念的做生意，是透過各種炒作或華而不實的包裝方式，一心只想提高產品的售價，但產品的品質甚至比以前還差。譬如把店面開得很高檔，售價抬得很高，還標榜當天現做的巧克力蛋糕，結果根本是冷凍糕體；還有成分其實只是水，卻說得天花亂墜，售價上千元的潤膚液。當然有的商人更糟，開高價結果賣的還是會損害人健康的東西。以前的人如果想推出高檔售價的東西，也知道要真的給你更好的東西，可是現在很多人都學到用「文創」來騙人，標榜一堆自己根本沒這麼做的假理念，讓那些願意相信你、花更多錢買東西的消費者，反而成了笨蛋。所以請記住一個很簡單的道理：做生意的人拿了人家的錢，卻還是在為自己打算，這就是「沒理念」。

如果不願意讓花了錢的自己最後成為受害者，就必須要花錢的人自己先有理念才行。「有理念的花錢」就是：花了錢，也要對你花的錢負責。譬如自己要去想，一個大部分成本其實都花在廣告預算上的高價商品，值得支持嗎？我要為了一種流行熱潮、一種寄託在虛榮感上的假自信去花錢，而不管產品實際的成本嗎？我繳了稅，我能容許馬路挖了又修、永遠坑坑巴巴嗎？

如果大家都能夠有理念的去花錢，那麼有理念的生意人就能成功，只靠炒作的生意人就做不起來；這麼一來，即使還沒有加薪，你的財富實際上卻變多了。為什麼呢？

**因為你的金錢的 CP 值變高了。**

金錢也是可以用「CP」值這個觀念去看的。如果台灣變成了一個各行各業都是有理念來生產東西、提供服務的地方，那麼你生活的健康度、舒適度、愉悅度、安全感都會大大提升，本來你以為要等你賺了大錢、變成有錢人才買得到這樣的生活，可是你現在就能享受到了，這不就是真正的變富有嗎？（而且是大家一起變富有。）

其實有錢人再怎麼有錢，也還是要出門的，那他買得到不污染的空氣、買得到良好的治安嗎？買不到。就像北京的空污一樣，事實上它使得所有北京有錢人的錢都貶值了（更別說大家花費在空氣濾清器、口罩、看病上的錢還變多了）。當我們任由沒有理念的商業活動恣意去發展時，事實上不論你是有錢人還是沒錢人，你金錢的ＣＰ值都在往下降，其實你是在變窮的，更不用說你會發現，自己的下一代的生活會變得更不輕鬆。

所以「過有理念的生活」，才是真正在幫你自己賺錢，也是真正在幫你的下一代存錢。在消費行為上，我們要把錢花在有理念的人與店家那裡，抵制沒有理念只想撈錢的企業。只要大家在平常生活中就這麼做，並且盡力告訴大家這個淺顯易懂的道理，那你不用走上街頭，事情就會以最快速度改變，你會看到什麼叫做「西瓜偎大邊」，也不需要某些人去抗爭當烈士了。

**在消費行為上：**

- 有欺騙行為的廠商、沒理念只想撈錢的業者，一定要抵制。
- 不要購買大部分成本都花在廣告預算上的產品。
- 投資企業或買股票，要選擇有理念的企業。
- 要很在意自己花出去的每一分錢，是否得到合理的對待。
- 把錢花在有理念的人與店家身上。

## 5 過有理念的生活——生活習慣

現在的世界，人與人相處的模式就像我們在過馬路：明明你已經走在斑馬線上，明明車子應該要禮讓行人，但只要車子敢開得很快不減速，大家會怕就會讓開，於是這些開快車的人看到這樣，就愈來愈囂張，以前看到路口有人還會減速稍微看一下，現在就算看到有人，他們還是要用非常危險的差距硬搶過去。現在就是愈「開著車」（我撞你是你會受傷）的人愈不理人、愈無視規則的，也就是說，愈有權勢的人愈囂張，愈可以目中無人了。

但現在這個階段，大家就是要去糾正了。

他們並不是真的可以橫衝直撞，警察的功能還是有的，只是你沒有去撻伐而已，如果有的話，他們還是會變乖的。比如有人亂停車，你就要打電話請警察去取締；有人製造很大的噪音，你就要打電話請環保局來監測。當大家都這麼做的時候，他就不敢去威脅你了，找什麼民意代表來也沒用了（因為反應的人為數眾多）。就像胖達人的例子，胖達人一開始也是去威脅那個寫文章的人，可是一旦大家都去同聲指責時，胖達人就不敢囂張了。而且這件事讓以後的麵包店遇到被爆料，也不敢亂來或囂張，炒作麵包就到那時暫告一個段落，就沒有別的人又用同樣的手法來欺騙大眾。想想看，當時如果大家沒有抵制、沒有撻伐，如果讓寫文章的人孤立一人，一定會有更多人模仿胖達人的模式，然後你又在那裡哀叫說，現在麵包都被炒作得好貴喔，那該怪誰呢？

## ◆不管多大或多小的事，都要有所反應

所以在生活裡，如果看到一些沒有公德心的事，或看到公部門做了一些浪費公帑、沒有效率的工作，或是一些業者做出遊走在法律邊緣的騙人行為，不管大事小事，挪出一些時間，把它們拍下來、寫信給主管機關、發送給爆料專線或公布在你的臉書上，不要再沉默。做一個會對這些事「指指點點」的公民，你會發現，你做了一件最重要的事，就是：讓做壞事的人感覺到，他被很多人的視線包圍了，然後讓遵守規矩的人也感覺到，社會是有正義公理的。

台灣大部分人其實很願意守法的，可是因為有很多委屈和不平，慢慢就變成：他也要超車、他也不肯讓、他也要找特權，變成冤冤相報，形成一個不好的循環了。這裡面都是

因為：我們一直讓大家看到，沒有理念的人、事、物老是占了上風，導致了內心累積了不平所致。如果人們覺得正義公理是存在的，他就會願意遵守著規則做事。所以你只要去講，不管大小事，對別人所帶來的鼓勵與示範作用其實是很大的，會讓愈來愈多人開始打破沉默，亂搞的人事物就會一直被揪出來，然後慢慢就會有規範，或回到規範裡。照這樣下去，反而你能促使新世代的政治模式和新世代的政治人物誕生。

其實，不知你是否注意到？在網路上，只要是好的（正義的）事情，都比較容易被按讚和分享，不好的事情就很容易被撻伐。路上有人見義勇為或發揮善心的一張照片，常常可以引發好多人的共鳴和迴響。大家其實透過這些資訊，都一點一滴的在學習與仿效，所以這幾年對於發現受虐動物如何通報、怎樣跟店家爭取消費權益、如何分辨健康食品，很多人都是從網路上別人分享的經驗上學到的。因此，當你手中有了一台小小的智慧型手機，你當下所經歷的事，就再也不是孤立的了，只要是訴說善良與正義，它總會被最多人支持和流傳。所以我們一定要知道，自己所置身的時代已經不同，只要每個人多做一點點，很大的改變就正在發生。因此你的臉書不只是一個「社交」媒體，它更是一個你進行「微革命」最有效的起義地點。

## ◆你的發言會刺激別人思考

此外，很多人都在使用社群媒體，寫心情、寫經驗、寫感想，因此，如果你能在寫的時候，心裡多懷著一個想法去寫，那麼你寫臉書的這件事，不但會幫助你自己愈來愈成長，而且還能造福社會。

什麼想法呢？就是不管你談論什麼感想，最後都試著寫出「為什麼」。比如說，你今天去了一家餐廳，你覺得這家店很好，那麼除了PO出美食照片之外，「為什麼」覺得很不錯呢？原因是什麼？你稍微能表達出來，你的PO文就變得更有意義。因為這個讚揚的本身就會在無形中形成一種輿論，告訴別人，好的店應該要怎樣做。反之，如果覺得這家店不好，除了放一個不開心的表情符號，也試著寫出「為什麼」，這樣會開始讓自己變得更有思考能力，而你的發言也會激發別人的思考。不要只是秀個冰淇淋，說我買到了很神氣之類的，只是在炫耀自己，這其實還暴露你是一個很容易被廠商的手法操控的人而已。如果這個冰淇淋你吃了以後真的覺得好吃，你可以讚揚，並且試著去分析自己為什麼覺得好吃，看看能不能表達出來；你覺得不好吃，你也要說出來，說出原因是什麼。這樣寫臉書，對自我的成長就會有幫助，你臉書的PO文對自己和別人也都更有價值。所以光是寫臉書，你也可以愈來愈成長的。

那這個成長是什麼呢？就是因為常常思考「為什麼」，你會變得愈來愈有理念。

★

如何過有理念的生活？

**在生活習慣上：**

- 看到沒有公德心的事情，不要視而不見，常常去反應、去申訴。
- 把臉書當成你進行「社會微革命」的起義地點，經常分享有理念的人事物訊息。
- 遇到自己覺得不好或好的生活經驗，想要分享在社群媒體上時，試著寫出「為什麼」。

## 6 現在是「有理念，就會翻轉得很快」的時代

社會要走下坡，可能要十幾、二十年才能敗壞到一定程度；可是要翻轉的話，四、五年就行了。尤其在網路時代，新舊交替就像智慧型手機剛出來的時候、就像臉書剛出來的時候，一下子就可以席捲整個世界，讓 NOKIA 和部落格的時代就突然結束。所以大家要更新自己腦中的那個沒有網路時代的舊經驗。

沒有理念的事物接下來都只能夠硬撐，一直故計重施、歹戲拖棚，表面上裝強勢，其實自己愈來愈無力感。而沒有理念活著的人，也會一直去依附這些沒有理念的人事物，一直被拖著走、一直無法提升，就只好繼續空轉、沉淪下去，但這個族群也只能是這樣而已，他們已經無法再變大了。

可是，有理念的人，一開始只會在有研究、有理念的圈子裡面被知道；但沒有一、兩年，他的主張馬上就變成全民運動。因為大家會馬上感覺得到這個「有理念」所帶來的好處，而這個已經成熟的概念一出來，就會馬上推翻以前所有的生存模式。

所以你不用去相信過去的結構有多麼牢固，當你去支持有理念的人事物時，你會發現舊的結構很快就瓦解了，其實它已經非常脆弱。譬如現在還有一些BOT案，很明顯那些不是人民真的需要的東西，只是為了「照顧」財團，讓財團用掛羊頭、賣狗肉的方式去圖利自己而已。很多人知道了以後，覺得很無力，因為政府＋財團，看起來是那麼龐大，而且一個BOT就是五十年，你會覺得他們還可以繼續壯大這麼久。其實不是這樣的，可能再過十年，這些BOT的東西，財團就要吐出來還給你了。為什麼？如果大家開始過有理念的生活，這十年間我們還會經過好幾次大小選舉，十年的時間差不多足夠讓整個政治、社會生態大換血了，有理念的人已經都上台了，他們就會去追查這些BOT裡面非法的部分，到時候很多人都會進監獄；而財團因為違法，也必須把這些BOT吐出來，他們有些甚至會破產。然後這些歸還於人民的東西，人民就可以重新決定要怎麼用。

所以，為什麼我們現在要開始過有理念的生活、開始支持有理念的參選人、有理念的去消費，以及養成糾正錯事、發表意見的習慣？因為你並不是一隻小螞蟻，你有沒有理念，會影響到整個大局。

## ◆如何影響因循苟且的人變得有理念？

也許有人說：我非常贊同這本書的說法，而且也知道，如果愈來愈多人開始過有理念的生活，這個社會的翻轉將會既和平、又快速；但是身邊還是有很多認識的人，他們拒絕思考社會M型化所造成的社會危機，以為只要自己賺錢，就能繼續過美好生活。該怎麼去影響他們呢？

我們相信有很多的方法，但有一個可能是適合最大多數的情況，並且會有效的。那就是用平和的心去請對方思考兩個問題：

- 現在的生活有比十年前輕鬆嗎？
- 自己的下一代會比較輕鬆嗎？

如果兩個答案都是否定的，那麼請他談談他這樣評估的原因是什麼？那麼他就會知道，這個社會是在往下走的，他就會有所省悟。這時再告訴他，其實只要做一點點改變，不花錢，也可以造成社會的改變。你可以告訴他最好的解決辦法就是「過有理念的生活」，這是社會改革最無痛又有效的方式。當然他沒有辦法一下子做很多，但是等他感受到好處的時候，他就會更願意去往那個方向移動了。

**每個人都移動一點點，對整體社會，就是走了一大步**。當大家感覺到這個一大步是因為自己做的一點點時，他就會更知道可以怎樣去做更多，因為他拿到好處了。

# 7 醒來吧！沉睡的神

目前，這個社會只要出現重大的不公義，讓人無法忽視的時候，還是有不少人腦中就立刻響起「我人微言輕，又能如何」的聲音。其實他們就算遇到的是路邊一個亂丟垃圾的路人甲，都會自動出現無力感。很多人一直習慣用一個「渺小人類」的方式去生活和思考，在網路誕生的十年以前的那五千年裡，這好像是真的，但是如果你現在還不更新的話，你真的就是還在沉睡中的「神」了。

就像有一隻長年被關在籠子裡的小鳥，突然離開了籠子，牠有翅膀，卻不知道自己可以飛，於是仍然呆呆地站在原地，任人宰割。其實，牠只要做兩件事，立刻就能發現命運的不同——第一是知覺到籠子其實不見了，第二是去揮動翅膀。

在地球上有愈來愈多人，都連上網際網路的趨勢中，交流的頻繁度與速度，也同時在不斷地升級，因此，每個人就像一個小神經細胞一般，愈來愈緊密地被整個網路連結起來，成為一個即時反應和即時回饋的「一體」；這個趨勢無法回頭，只會一直下去，在靈性用語上，稱為「合一」的趨勢，就是人類開始實際體驗到所謂的「一體性」的初階版本。在這種愈來愈「合一」的狀況下，過去能夠主導思想、掌握知識、讓資訊不透明的那個「由上而下」罩住你的籠子，已經不再有效了，所以台灣社會的大翻轉是可以「由下而上」很快發生的。至於到底有多快呢？這就要取決於有多少人能夠更快的開始使用他們的「理念」，去發現他們飛行的能力了。

※

以上兩章，我們已經談完了大家最有興趣的部分：個人如何因應未來趨勢，以及如何快速讓社會翻轉。第三章，我們就要帶著有興趣對我們的主張更清楚的讀者來瞭解，為何說，我們即將在十年後，進入一個史上最光明的年代？二〇一五年之後的社會，又會呈現怎樣的大風貌？要說明這些，我們就有必要乘著歷史的時光機，拉高到四度空間看下來，才能真正明白，目前的我們，究竟處於人類文明演化的這座大「廬山」中的什麼位置？其實我們正處於一個——文明再一次大蛻變的臨界點。

第3章

# 你站在第四次文明大蛻變的臨界點

如果你仔細去玩味「文明的演化」意味著什麼，你會發現，
它們都意味著：人類的「愛」，擴展到了一個比之前更大的幅度。

## 1 我們正接近人類文明第四次重大蛻變

歷史看似是不斷在循環的，地球上的每個政權，都從亂世中崛起，經過了盛世、承平，然後又因為各種原因，走向了衰敗和滅亡，最後又被新的政權取而代之。然而，歷史中的人事物雖然永遠脫離不了成、住、壞、空的循環，但人類的心智本身卻不真的是重複的，它像是一個螺旋向上的迴旋梯，表面上好像一直經歷著同一類型的事情一再發生，但每轉一圈的時候，有一個永久的改變就發生了，那就是人類心智的「高度」變高了。

「高度變高」的意思是說，人們知道的事情增加了，經驗變得更多了，於是思想變得比之前相對的先進。就好像你從一樓爬上了二樓，雖然差距不大，但事實上你能夠俯看的範圍還是變得更多了一些，所以觀念、想法也就跟在一樓的時候不同了，在靈性語言裡，我們把這變化稱為「意識的擴展」。所以說，雖然歷史上很多事件看起來都在重蹈覆轍，但對人類的心智而言，今天永遠不會跟昨天完全一樣，今天永遠會比昨天經驗得更多一點點、知道得更多一點點。而這些「多一點點」擴展到了某個臨界點時，就會造成集體社會生活方式的大轉型。

社會發生大轉型的「臨界點」有兩種，歷史上比較多的一種，是由「物質性的新技術或新觀念的突破」帶來的。

例如人類在遠古時代，歷經了數萬年的打獵生活，直到農耕技術發明，才變得可以久居一地，有能力發展出更大的聚落，所以農耕技術的發明，造成了人類社會型態非常重大的改變。自此以後，「擁有土地」才變得無比重要，造成了直到現在依然深深影響每個人的「有土斯有財」的觀念。接著，農業社會裡所生產的食糧、貨物，又有很長一段時間是依靠以物易物的方式進行流通的，直到金錢被發明。而金錢的發明，又造成社會型態再一次的大轉變，因為，「商業」誕生了！除此之外，本來一個倉庫只能裝幾石米，但現在用來裝錢幣的話，一個倉庫所能囤積的財富就等於過去好幾個倉庫的米，所以錢幣讓囤積更大規模的財富成為可能，貧富差距就開始出現了。等到「銀行」出現了以後，商業行為更從「交易」衍生出「投資」，從在當下的獲利衍生為依靠未來的預期價值而獲利，這都對整體人類社會型態產生了翻天覆地的影響。

如果把人類文明比喻為一棵由幼苗階段一直向上生長的樹，那麼這些與物質生活相關、造成人類生活型態大改變的事件，就像是途中綻放的花，相較於大量看似日復一日的綠葉，它們是人類文明中的亮點。不過，歷史上還有一些更特別的「臨界點」，它們比這些物質性的新技術或新觀念之花，更加稀有，它們是我說的第二種：人類推翻過去信念，重新定義自我價值的重大時刻。

人類對於自身價值信念的演化，相較於物質技術的演進，緩慢許多，歷史上只有三次這種精神性的突破時期：第一次是從「神權」進入「君權」的時期；第二次是從「君權」進入「民權」的時期；第三次是「性別平等」、「種族平等」成為普世價值的時期。

人對於自我價值的信念，決定了人認為自己應該具有什麼樣的權力，所以當人類對自我價值的信念改變時，社會體制也會跟著改變。例如神權時代，君王的權力必須來自教宗的授與，但十五世紀末馬丁路德的宗教改革之後，逐漸演變成：各個國家的統治者，是依照人間的法律來取得繼位的權力。這裡面重要的突破就是：統治者開始把對自身權力的決定權，由一個「神的代表」，轉移到認為，每一個身為「人」的統治者自己可以決定的狀態，於是民族國家興起。而從「君權」邁入「民權」的時代，則是同樣的邏輯，擴展到了一般的人民，人類開始把對自身權力的決定權，由一個具有特定血統的統治者，轉移到認為應該由每一個公民，透過某種制度上的設計來共同決定，於是民主國家興起。然後接下來，就是「公民」定義的擴展，從有些人沒有投票權、有些族群只有次等的權力，到變成大家都應該是平等的。

如果你仔細去玩味這些改變意味著什麼，你會發現它們都意味著，人類的「愛」擴展到了一個比之前更大的幅度。

雖然說，人類在自己的文明史裡，物質性的突破性進展，遠遠多於愛的擴展；但是你會發現，時間愈接近現代，人類自我價值大轉變的「臨界點」所發生的間距就愈短。馬丁路德的宗教改革是在十五世紀末，巴黎大革命的人權宣言是在十八世紀末，中間相隔三個世紀；而性別、種族的平等成為普世價值，則是大約在十九世紀中到二十世紀初，與人權宣言相隔只一個世紀，發生時間有愈來愈快的趨勢。這是非常合理的，因為當人類的知識與經驗在心智的螺旋梯中處於愈高的視野時，舉一反三的能力也就愈快；再加上物質科技同時在演進，通訊與傳播能力一日千里，於是新思想交互影響、激盪的速度自然愈來愈快，所以時代轉變的臨界點便可以在更短的時間內醞釀完成。

如果按照這個趨勢，第四次的人類自我價值大蛻變的臨界點，應該用不了一個世紀了。沒錯，其實觀察目前全球的社會氛圍，可以覺察到，目前已經出現了「臨界點」前的諸多徵兆，而我們也預測，來到這個臨界點只剩下大約十年的時間。預測到了二〇二五年時，大家再比對前十四年，會發現，全球人類的價值觀已經轉了一個很大的彎，來到一個明顯揮別了過去的新時代。為何這麼認為呢？首先我們先來觀察，人類自我價值躍進的這些「臨界點」的發生，都需要什麼條件？

## 2 人類自我價值躍進的「臨界點」，都發生在什麼狀況下？

見諸歷史，第一個條件就是：**國家社會過度腐敗，人民受苦到一個相當程度**。其中的理由顯而易見，因為人民的受苦狀況如果持續惡化，甚至看不到解套的希望，就會以前所未有的力度去反省，想找出解決痛苦的方法。但是，光是這樣還不足以帶來自我價值的躍進，因為通常人們思考的習慣，總是去歸因於外在的敵人，也就是外在的壓迫者，因此他們經常以揭竿而起、改朝換代的方式，期待新的政權可以帶來新的生活；然而經過了一段時日，新的政權依然又腐化了，於是社會只好再重複一次外在的革命。雖然每一次的改朝換代確實帶來暫時的緩解，但終究又回到讓人失望的局面。

不過，當重複次數夠多，便開始有人會意識到「改朝換代」的無效性，開始有愈來愈多的人記得了前人的歷史教訓，便進入了更深的思考，這樣，才開啟了自我價值躍進的第二個條件：**對體制背後的信念進行反省**。這個意思是說，人們開始去省思現存的社會規則後面所隱含的信念（也是自己一直習於相信的），是否本身就會帶來不幸？如果這個被制約的信念不改變，是否永遠會造就出加害者？拉下一個，社會又孕育一個？

當人們開始進行這樣的思索時，他們是在對當代的集體信念進行「反省」，有了這第二個行為，集體人類自我價值的躍進就可能出現了。

歐洲中古世紀的時候，教宗的地位大於國王，神權凌駕一切，為了斂聚財富，教會甚至開設賭場酒店、販賣贖罪券，各種花招樣樣來，神職人員的腐敗及性醜聞也時有所聞。而一般人民除了要向政府繳稅，參與各種宗教儀式也都要付費，民怨逐漸高漲；再加上教會為了自己的利益不斷干涉政治，也引發許多君主與教會的對立事件。最後終於引發了以馬丁路德為首的、歐洲歷史上著名的「宗教改革」時期。宗教改革使得羅馬教宗不再占有「神權」的制高點，影響了歐洲政治逐步從「神權」時代步入世俗統治的「王權」時代，造成文明劃時代的改變。

馬丁路德的宗教改革，不在於指控哪些人是腐敗、錯誤的，而是對羅馬教會所定義的宗教教義和律法，進行了基本信念上的反省。例如當時教會聲稱，購買贖罪券，信徒可以分享更多恩典、比較能夠洗淨煉獄之罪、有資格上天堂，馬丁路德開始去思考贖罪券背後的信念是什麼？原來這裡面暗示了，人能上天堂的條件是因為人必須變得聖潔，而這個想法是當時大家都覺得對的。然而，就算殫精竭慮地自我要求，人有可能完全聖潔嗎？他認為是做不到的，於是他從《聖經》裡面的字句領悟到，人是「因信得救」，不是因為人自己做的事，他認為這才是上帝真正的意思，也是基督信仰真正的重點。這個想法現在的基督徒覺得很理所當然，認為是信仰裡面很基本的概念，但是在當年，這是劃時代的。在當時教會風氣敗壞的氛圍下，馬丁路德的主張立刻獲得許多認同和歡迎，透過了這個觀念，人們從贖罪券這樣的剝削中解脫出來，對信仰的概念被提升到一個更平等的信念中，同時也打破了羅馬教廷的威權，間接地造成了「君權」時代的開啟。

再例如十八世紀的法國大革命，到現在還透過音樂劇《悲慘世界》，為世人所紀念著。當時的社會環境是：法國爆發經濟危機，國家幾乎破產，腐敗、稅賦不公以及食物短缺折磨著社會大眾，於是革命者以「自由、平等、博愛」的新理念獲得支持，竟然在短短三年就瓦解了已維持數個世紀之久的君主專制體制；雖然後來又遭到反撲，恢復了舊君主制，但很多改革項目已經造成了永久的變動，無法再回走頭路。

法國大革命中著名的「人權宣言」，宣布自由、財產、安全和反抗壓迫是天賦不可剝奪的人權，肯定了言論、信仰、著作和出版自由，闡明了司法、行政、立法三權分立、法律面前人人平等、私有財產神聖不可侵犯等原則，都深深影響了全人類思想，直到現在，我們的普世價值還未超越人權宣言的高度，依然奉此為規臬。

到了十九世紀，西方世界的民主理念，開始席捲亞洲，推翻滿清，不再只是換人作皇帝的改朝換代，而是永遠地結束了封建皇朝，讓中國進入了民主體制。這裡面的關鍵，除了一個腐敗的現況，更必要的條件就是「對體制背後的信念進行反思」，所以推翻滿清真正巨大的意義不是打倒一個腐敗的政權，而是引進了西方的民主思想，改變了中國人對自身政治權力的基本信念，才結束了中國長達五千年的專制時代。

所以，「社會腐敗」與「人民對體制背後的信念進行反省」，是人類文明發生自我價值大蛻變的兩個條件，關鍵點是：人民不再只是將責任推給外在的加害者，而開始願意檢視自己腦中根深柢固的集體信念。這是相當不容易的，所以在過去的歷史中，這樣的「劃時代」並不常見。其實每個時代都有超前當代思想的先知，不過他們通常很寂寞，無法看見自己的理念能在當代被瞭解。

## 3 愈文明的時代，對「腐敗」的容忍度愈低

可喜的是，第四次人類自我價值大蛻變的臨界點，已經相當靠近我們了，因為觀察上述的兩個條件，現在都出現了，同時，還發生了人類歷史上前所未有的第三個條件（稍後詳述），這三個加起來，形成了一個「完美風暴」，讓人類歷史進入了千載難逢的蛻變時期。

首先，第一個條件是「腐敗」。可能有人會想，就算現在的社會確實是有許多腐敗之處，但有腐敗到「水深火熱」（就像十八世紀的法國那樣），會發生大蛻變的條件嗎？

的確，如果就世界各先進國家的處境來說，縱使紛紛出現財富M型化、國家債台高築、人民財富與福利縮水、失業率居高不下的窘境，但是比之於過去歷史上腐敗封建的黑暗與痛苦，可謂幸福安穩多了；不過，因為歷史的迴旋梯已將人類的素質推上更高的樓層，現在的人類要發生大蛻變，是不需要從前那種程度的社會腐敗，就能夠發生的。

## ◆意識愈擴展的人類，造成其反彈的「谷底」就愈淺

例如第三次人類文明大蛻變時，社會環境相對於第二次也安定許多，人們爭取種族與性別的平等，並非因為吃不飽、穿不暖，而是針對公民權利遭到不平等對待而帶來的苦難。意識愈擴展的人類，造成其反彈的「谷底」就愈淺；當一個社會的智慧愈高、視野愈廣闊時，它對於相反的事物，忍受度就愈低。

譬如四十年前的台灣，那時候大家常常會把活的雞雙腳綁一綁、倒提到別人家當作伴手禮，絲毫沒有人覺得不妥；可是現在如果有人這麼做，一定會被口誅筆伐，甚至還會被法律裁罰。那麼，現在的人與四十年前的人到底差別為何？並非法律知識的不同，而是出於「心」的不同。現在的人對於動物的受苦，能夠同理的能力，是比半世紀以前的人更多，人數也更普及的，這就是一種集體人類「意識的擴展」。二〇一三年的洪仲丘案，可以造成二十五萬人上街抗議，不必說得太遠，三十年前就好，人們根本作夢都不敢相信，時代社會會走到這樣的一天。

所以在古時候，可能要連年天災人禍、遍地飢荒、死病百萬人民，腐敗朝廷才會被推翻，但現在一個國家的執政黨，只要政見跳票，再加幾個重大弊案、醜聞，下次選舉就

政黨輪替了。現代人所不能忍受的「腐敗」，已經不能以過去的標準去設想。而就當前的人類素質而言，目前社會的狀況，已經足以讓大眾感覺置身於自有民主政治以來的谷底經驗了，其證據就是：人們普遍對「政黨輪替」可以帶來自身命運的改變，都不再相信，以下我們來說明此點。

# 4 M型化社會，讓台灣民眾陷入空前低潮

第四次的社會大蛻變是否已經在積極醞釀？我們先把範圍縮小到台灣自身來看吧。台灣民眾曾經以為，政黨輪替可以為台灣帶來無比的希望（更自由、更有競爭力）；然而也才不過兩個八年，大家已經陷入了對兩大黨的深深失望當中，不僅台灣產業無法升級、人才持續出走，也沒有一個政黨能降低房價、阻止貧富差距日益擴大。面對下一次的總統選舉，看到檯面上還是那些老面孔，已經不知道還有什麼「希望」可以讓自己寄託？然而放眼全球，對政黨輪替失望，也是所有民主國家民眾共同的感受。因為當這些政黨坐大以後，不管換誰來執政，都一樣與民意愈來愈脫勾，與財團愈來愈靠攏，政黨只剩下旗幟不同，但骨子裡根本一樣了。

根據英國BBC在二〇一四年一月二十日的報導：「全球前一%鉅富的財富是全球最貧窮者中半數者的資產的六十五倍。」（引用樂施會的報告）

財富M型化，全球都一樣，人民無論怎麼投票讓政黨輪替，貧富差距仍在加劇，眼看國

●樂施會的報告，資料來源：
http://www.bbc.co.uk/zhongwen/trad/business/2014/01/140120_oxfam_85_richest.shtml

家逐漸建立起各種「合法機制」圖利財團，民主選舉愈來愈變成了一種諷刺。本來選舉是人民力量的展現，是人民可以為自己的生活掌舵唯一的方法，但社會的發展已經到了連選舉都撼動不了財團治國的生態時，人民就束手無策了。這便是民主時代的谷底經驗。

苦日子絕不是人們低潮的原因，如果有希望，知道怎麼做就可以改變，那麼即使日子辛苦，也是可以忍受的；但是如果日子苦，卻看不到翻身的辦法，人就會逐漸進入焦慮狀態。這幾年的台灣很明顯就是如此，占台灣最大多數的藍白領受薪階級，在不斷掙扎著加班、兼差、投資理財之後，依然看著年年上漲的物價與紋風不動的薪資，他們其實已經陷入空前的低潮，只能躲進「小確幸」或懷舊的事物裡尋求抒壓。

可是，仍沒有任何跡象顯示，財富的M型化有停止或減緩的趨勢。法國經濟學家皮凱提（Thomas Pikrtty）在他二〇一四年的新書《二十一世紀資本論》（*Capital in the Twenty-First Century*）中說：「資本主義，本身就是個會製造不平等財富分配的機制，歷史上毫無例外過。」

「著名經濟學者米拉諾維奇稱此書為『經濟思想的分水嶺』；諾貝爾經濟學獎得主克魯

曼說，此書『將是今年、且可能是十年內最重要的經濟學著作』。該書已名列紐約時報暢銷書排行榜。」（本段引用自「聯合新聞網」）

這本法語書是一本道道地地充滿專業理論數據圖表的經濟學專書，可是卻罕見地打入暢銷書行列，出版幾個月內，銷售量就達到四十萬冊。原因就是因為，它戳穿了這種自由市場的所謂「發展經濟」可以帶來幸福的神話，而且有憑有據。而這些根本就是基層人民、無論生活在哪個國家早就意識到的事了。

中研院院士朱敬一先生在一篇導讀《二十一世紀資本論》的文章中說：

法國、英國、美國地域與文化差異不可謂小，但是都是老字號資本主義國家。皮凱提、艾金森、薩伊茲觀察這些國家資本主義發展史時赫然發現，這三國（甚至包括其他廿幾個市場經濟大國與新興經濟體）都有一共同趨勢：各國資本持有的集中度從十八世紀至廿世紀初一路在攀升，直到廿世紀初歷經兩次世界大戰、三〇年代經濟大恐慌、戰後政府大規模重建等外在因素，富人的資本集中度才大幅下降。但是，在一九八〇年代，柴契爾與雷根新保守主義一系列政策（包括對富人大減稅、公營事業民營化）下，富人的資本持有率又快速攀高。

●聯合新聞網：http://udn.com/NEWS/OPINION/OPI1/8649376.shtml

皮氏分析，這個資本累積逐漸集中化的趨勢，是有理論背景與走向軌跡可循的。如果我們再不改弦更張，那麼大約三十年之內，全球各主要市場經濟下的資本集中度，大概會有八十%以上集中到社會最富有十%的人手中。這種情況大略與《孤星淚》的寫作背景、或是馬克思寫《資本論》時所見、或是法國大革命前夕的社會環境相當。由於財富分配太不平均，社會上絕對充滿不安定的因子。總之，這麼不平等的社會，絕對是無法永續的。（本段全文網址如下）

其實這些哪需要引經據典來講呢？許多讀者早就感覺到了，並且清楚，不管政府印多少鈔票，發表多少個「幾百億振興產業政策」，金錢都會集中在最有資本的人那裡，讓薪水永遠跟不上物價。有的人早已放棄一步一腳印的工作方式，投入金錢遊戲當中，然而卻也知道，這只是掏空台灣與繼續把其他人踩在腳下的自保方式而已。

就以台灣自己的狀況來看吧，中研院的稅改報告裡面就說到，民國九十六年起，我國薪資所得者負擔的稅收，占整體租稅結構都超過百分之四十，九十八年甚至高達百分之四十五……不過，受雇人員報酬（上班族的薪資）占國內生產毛額（GDP）的比重節節下滑，至民國一百年僅占百分之四十六；但企業營業盈餘占GDP比重逐年上升，在民國一百年約百分之五十二。這意思很簡單，就是領薪水的人賺的錢占GDP的比例愈來

● http://www.stormmediagroup.com/opencms/review/detail/98277153-e576-11e3-9580-ef2804cba5a1/?uuid=98277153-e576-11e3-9580-ef2804cba5a1#ixzz32yVua7Kb

愈少，可是繳的稅占全部稅收的比例卻愈來愈高。所以《聯合報》刊登這則資訊下的標題是：台灣所得稅，已成為薪資稅。（資料來源如下）

政府明擺著，讓各種政策，對擁有資產者與企業者有利，任由貧富差距不斷惡化，置受薪階級於不顧。

由於這種沒有希望的谷底感受、全球性的腐敗，造成了包括台灣在內等先進國家的社會都動盪不安的情況愈來愈明顯。台灣的反服貿大遊行，已經聞名全球；兩年來接二連三的社會運動，雖然造成了民眾生活上的不便或震撼，卻也得到前所未有的廣泛同情與支持。因為太多的黑心食品、太多的政府弊案、太多罔顧人民權益、偏袒財團的 BOT 案或土地開發計畫，再加上連年飆高的房價與相對倒退的薪資，社會大眾已經不知道自己循著所謂的「正常管道」，或繼續循規蹈矩地乖乖上班，能夠怎樣給自己創造值得期待的未來？雖然說，實質參與檯面上的抗爭的人看似為數不多，但絕大部分的人早就在生活中議論紛紛，對社會問題的原因也愈看愈清楚了。當我們看到一個「由下而上」的改革歷程正在以愈來愈激烈的方式發生時，這證明台灣民眾對於自身的處境愈來愈不能容忍，也證明進行反省思考的人數大量增加。

● http://udn.com/NEWS/FINANCE/FIN5/8725229.shtml?ch=fb_share

終究，必須以勞務方式賺錢的人，永遠占社會的最大多數。現實的狀況就是，他們的實質薪資繼續倒退、生活壓力繼續增加、台灣產業環境也不見起色，那麼，相信接下來的台灣社會，那些「請大家抗議的時候和平理性，不要影響到別人正常上下班」的聲音，將會愈來愈稀少了。

## 5 台灣已經接近文明大蛻變的臨界點

台灣這兩年的社會運動，不但很多都不是由政黨發起，甚至還刻意抗拒政黨力量的介入，這就是：人民不再相信，推翻一個政黨、換一個政黨執政就會解決問題的舊信念了，這也是愈來愈多台灣民眾進入文明大蛻變所需要的「更深刻的反省狀態」的證據。有心人雖然一直試圖透過將重大議題抹藍抹綠，讓議題的討論失焦，卻沒有一個成功。大家學到的是，要就法律的本身、政策的本身、就台灣發展方向的本身、甚至就背後價值觀的本身去思考，何者是對的？何者是錯的？愈來愈多民眾透過各種社會運動，開始瞭解、學習、搜尋、分享。並且，大家在辨別謊言與真實的過程中，學到的不再只是定義誰是壞人、把誰拉下台就好，而是更重視議題本身的研究。你可以明顯看到台灣民眾變得更成熟了。反之，那些想要模糊焦點或收割社會運動能量的政客所用的手段，還停留在那些老套的作為，一下子就被識破。

只要看看你自己及周遭的朋友，從二〇一三年開始，美麗灣開發案、多元成家草案、大埔徵收案、核四議題，一直到服貿爭議，為了不被別人說「為了反對而反對」或「為了贊成而贊成」，多少人開始勉強自己去硬啃那些生澀的議案條文，勉強自己同時涉獵正反兩方意見。我有個學生對我說，這陣子他為了關心國家大事所看的「論說文」，大概超過過去十年的總和；另外一個朋友跟我說，為了瞭解服貿協議，他真的好好的把全部的條文全部啃了一遍，這是平常連房屋租賃契約都看不完的他，這輩子第一次耐著性子吞下這麼多硬梆梆的文字。

就這麼短短的一年多（從二〇一三年至二〇一四年），社會民眾對各種議題的關注和參與，可以說「盛況空前」，人民覺醒的速度以及學習的能力都是前所未有的快。再這樣下去十年，台灣會被推進到怎樣的一種社會氛圍呢？將會發生什麼樣的質變呢？答案其實已呼之欲出。

# 6 第三個條件加速大蛻變的時程

除了上述的情形吻合了人類自我價值大蛻變所表現出來的徵兆以外，還有第三個條件，讓我們相信，大蛻變的前期已經從現在開始，並且，龐大舊結構也會在很短時間內遭到解構、重組，根本不足為懼。這第三個條件就是「網際網路」，這個歷史上前所未有的助力已經發生，而且還在猛催油門中，它幾乎就像為這個全球大蛻變準備好了拋物線向上揚升的巨大燃料，讓各種事件可以以「炸開來」的方式形成交互影響，以促進新時代的來臨。

所謂「拋物線向上揚升」的意思是什麼？之前我們曾形容，人類心智發展的狀態，就像繞著歷史事件而上升的一座螺旋梯，愈轉視野愈高；然而人類心智發展的速率並非均等的，當高度愈高時，速率也會愈快。所以其實更正確地形容，人類心智發展的曲線，更像是一個被向上拉起的彈簧，愈往上走，曲線愈陡。（請見圖示）

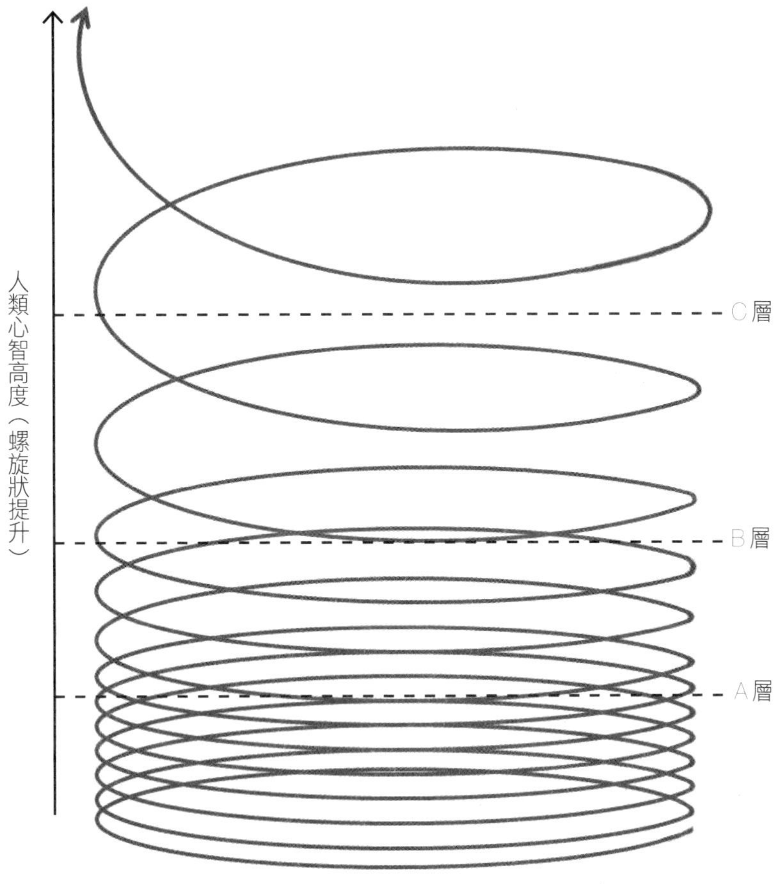


1. 在較低的A層，人類心智的成長螺旋，轉半圈所提升的高度，與較高的C層相比，在C層旋轉半圈所提升的高度，是A層的數倍。
2. A、B、C層在同樣的時間所提高的高度，是以一條拋物線的速率增加的。

人類心智揚升的速率並非線性的，而是一個向上彎曲的拋物線；也就是說，當人類心智的樓層愈高，以同樣的時間間距來比較，高樓層社會的進展幅度會比在低樓層更加巨大。反過來也就是說，文明程度愈高，事情就發生地愈快。

想想看是否如此？假設你生在三百年前，有一個重大發現要告訴一個住在一千公里以外的人，那麼要花多少時間才能做到？那時候必須用船去送信，可能需要半年。那麼當你生在兩百年前，有電報的時代，時間一下縮短變成只需要三天。然後你生在一百年前，越洋電話已經出現的年代，你可以透過接線生，三分鐘內完成。那麼，同樣再相隔一百年的現在呢？你利用網際網路，不僅可以在當下立刻送出電子郵件，還可以同時讓一百個人收到同樣的訊息！至於傳送一千公里或一萬公里，時間幾乎沒有差別了。所以同樣相隔一百年來取樣，處理事情的速率卻是以拋物線的方式在增快的，這就是那個螺旋梯愈來愈向上時所呈現的狀態。

因此，過去人類如果需要醞釀數代才會發生的改變，現在呢？當現今世界的「腐敗」和「反省」，已經交會成一股由下往上的改革動能，這股動能會以怎樣的速度被推升至那個大蛻變的臨界點呢？我們預測從現在開始，大概只需要十年。

理由有二：首先，因為網際網路在很快的未來將成為真正的主流媒體，由於它的特性，以及當權者與人民的距離愈來愈遠所帶來的持續刺激，有理念的人事物將迅速如雨後春筍般冒出頭來。其次，世界各國的各種民主選舉，在十年內大約都將經歷兩到三次的總統及各級民意代表選舉，年輕世代逐年獲得投票權，已足夠進行換血工程；十年後，這些更有理念的政治人物或意見領袖，已經足以位居政策主導要職。因此，我們的預測是，到了二〇二五年，整體社會的發展方向——其價值觀，將會呈現出很明顯的、是以各種「理念」為主導的新氣象，而跟二〇一四年以前由財團利益主導的大勢，將已截然不同。到那時候，大部分人會很明顯地感覺到，舊的時代過去了，新的階段到來了。

## 7 第四次大蛻變的核心主題

網路時代，資訊的去階級化、透明化、擴散速度爆炸化以及經驗的雲端化，使得每個「個人」都可以連結成為「網路大神」的一部分，隨時有機會影響整個全體。由於這是有人類歷史以來未曾有過的現象，經驗的時間也不過只是這十年間的事情而已，所以我們的大腦其實還沒有真正擺脫，過去數千年來，傳統經驗透過很多方式給我們植入的信念：我是渺小的。

這就是為什麼，前三次的人類自我價值大蛻變，雖然開啟了「民主」、「平權」的思想，但終究到了現在，地球上大部分的人還是被少部分的人宰制著（只是現在的宰制者學會用「民主」的形式更精巧地去包裝他們的控制而已），因為這個「我是渺小的」的信念一直沒有改變。

人類的歷史雖然有過許多次自我價值的蛻變，一次比一次更有愛，不過「我是渺小的」這個信念，仍然根深柢固沒有改變。當大家都覺得自己很渺小時，頭腦就很容易被生存的恐懼抓住，因此多數時間會以個人的利害關係為重，去展開我們的社會生活；所以我們的社會從古至今，基本上一直是個以「利害關係」為基礎建立起來的網絡，雖然也有愛的連結部分，但不像利害關係那樣普遍與強大，於是愛的擴展也就相對緩慢。然而，當我們主要是以利害關係來組成一個社會的時候，「弱肉強食」就會成為普遍的經驗，甚至成為真理，同時我們的資源也會因為複雜的利害衝突而產生許多無法共享或制肘的情形，連科技的發展也因為受限於商業利益而停滯。

「我是渺小的」所產生的生存恐懼，把我們每一個人給「分離」了，分離成生存競爭的對手，而非合作的伙伴，因此我們無法體驗，如果人類能夠以愛連結起來的那種社會，將有多麼美麗。

但網際網路的出現，讓地球上大半的人類體驗到，「連結在一起共享資訊」是一種多麼神奇的經驗！而當時代走到了因分離感而衍生的M型化社會時，大家反省的聲音，也開始透過網際網路連結在一起；但這一次，有少部分人進一步體驗到了另一種神奇，那就是：當他的呼籲與行動是大家心中所期盼的時候，透過無數根本不認識的別人的分享與資助，居然可以引發多麼快速與巨大的迴響。

有這些經驗的人立刻會感覺到，時代已經來到一個與過去很不一樣的「境界」了，在這個境界裡，你不但有千里眼、順風耳，還可以主動地讓自己的影響力無遠弗屆地放射出去——當你讓別人共鳴的時候。於是他們領悟到，如果有愈來愈多的人願意用愛加入這個連結，這個人際網路就不再是抵銷與競爭，而是互助與分享，那麼它的力量會讓每個與它連結的人都獲得這個大整體的支持。於是，**你不再感覺渺小，而與他人共享一個偉大。**

這樣的知覺是一種「覺醒」，是對自我價值的大躍進，「我不渺小，只要我願意用愛去連結，我會體驗到這個連結的偉大」，這就是第四次人類自我價值大蛻變的主題。

目前已經有愈來愈多人開始覺醒了，他們放下只為自己考慮的習慣，開始擴大為別人著想的範圍，於是他們開始為自己的生活注入理念，並與其他有理念的人有更多的相遇與連結；他們對生活的感覺已經愈來愈跳脫恐懼，感受到更多的愛和使命感，原本很多的負面情緒也就不知不覺與他們告別了，他們感到身心的健康在增進，對這個世界的狀況也愈來愈清晰。他們會開始喚醒沉睡的其他人，讓大家知道自己並不渺小，想要改變這個大社會走向更好的方向，絕對不難。

# 第4章

# 迎接更有愛的時代

其實，理念的初心，就是大愛。
人類歷史的螺旋形演化歷程，就是一個從彼此分離到合一的覺醒的故事。

# 1 享受時代的改變

「愛」的相反就是「偏見」、「歧視」、「冷漠」、「切割」、「仇恨」等等。所以，當一個時代的人類，彼此變得更沒有地理、語言的隔閡，更有能力大量地交流與對話時，他們對彼此的瞭解，會更勝於前一個時代，自然而然地，各種偏見、歧視、冷漠、切割與仇恨，也會變得相對更少了；這就是為什麼人類正在變得比之前更有愛，而且這個趨向還會愈來愈快，因為網際網路普及之後，人們彼此交流與對話的頻繁度與廣度仍在繼續增加。

當「愛」是從「瞭解」而來的時候，它會變得相當穩固、健康、強而有力且難以逆轉。因為人一旦打開了視野，你是無法再讓他腦子裡知道的東西縮回去的，所以一旦因為有了更多的瞭解而放下成見時，這是無法再逆轉的永久變化。就例如人們對同性戀的瞭解與認識一樣，雖然二〇一三年的「多元成家草案」引起了軒然大波，未能進入立法院審議，但其中有關「同志婚姻」的部分，社會上支持的人數比例，確實逐年持續在增加中，這不只是台灣的情形，而是全球的趨勢。這個趨勢無法用任何信仰去阻止，原因與道德尺度的「喪失」無關（宗教人士其實不太明白這點），真正的原因是：你無法阻止人們藉由愈來愈頻繁的對話產生更深的瞭解。例如，一旦人們認識了一個同性戀的朋友，親自與他們互動和相處，他們就會很清楚的感受到，對方跟自己完全一樣是個平凡人，也想要找一個人共度一生，然後被法律平等的對待而已。

前幾年，我的國小六年級的小姪子，在農曆春節因為家庭聚會而聚在一起時，突然問我：「章成叔叔，你和M叔叔是什麼關係？」我回答他：「我們是一對啊！」他眼睛一亮：「所以你們是Gay囉！」我說：「是啊！」然後他的下一個問題是：「那你們誰比較愛誰？」他就這樣直接跨過半世紀前，很多人可能一輩子也跨不過去的那道門檻。當時，我深刻地瞭解到，我所處的世代已經完全不一樣了。

我們現在身處的時代，是一個愈來愈跨國、跨界、跨領域的對話時代，未來除了社群媒體，很可能還會有新興的交流模式出現；但是網際網路的互連性與互連速度，只會往上加而不會往下減，這是人的天性所致，不是任何人或國家的意志可以逆轉的。換言之，社會會自然繼續朝向更有愛、更透明、更多元、更有能力瞭解過去不瞭解的事物，以至於更沒有歧視和偏見的方向發展。記住這一點是很重要的，因為過去的時代，人類有一個集體的潛在信念：人無法依靠善意而活。而這就是渺小感的根源，因為渺小感，我們前三次的文明大蛻變，雖然從砍人頭演化到了數人頭，但財富的M型化卻依舊困擾著二十一世紀初的我們。M型化就象徵著大部分的人其實仍然活在匱乏感與渺小感當中，所以「適者生存」才變成了貌似真理的不變法則。

可是現在我們已經進入了一個新的階段了，我們所站立的土壤，已經與過去相當不同了。在這個更容易互相瞭解、更不容易被欺騙、資訊更透明、發言權去階級化的土壤上，你會開始發現，人是可以依靠善意而活的，因為大部分人的心都變得比以前更加友善，這也就是為什麼我們在網路上一直看到一個現象：只要有人想行善，或需要別人的行善，都會獲得很大的支持與迴響。還有很多人基於理念，創造了一個新的機構或是新的工作生涯，他們成功的故事，很多都是從網路上開始的。

當人們因為瞭解更多，而變得更有愛的時候，他們同時也會比之前更有理念，看待社會上的各種事情，更會以長遠的角度去思考；於是乎，對於有人短視近利或不顧他人死活的生存策略，即便經過包裝美化，也會很快被他們識破。這就是接下來的社會趨勢，因此即便過去的作法讓自己覺得很有效、很安全，但當時代改變了，想法也要更新，做出更符合當代所需要的改變。當整體都進化，大部分人都有了更大的視野時，你也要調整到這個視野去，這樣你才能享受這世間唯一不變的「變」，而這絕不是無奈的「因應」，是可以享受在其中的。

## 2 二〇二五年後最重要的理念

在過去幾千年來的社會發展中，有個一直沒有被釐清的議題，現在正在我們這個時局，被如火如荼地以「財富M型化」的問題探討著。

那就是「金錢」與「幸福」之間的關係。

無論在哪個時代、穿著哪個民族的衣裳，自有金錢以來，人們看待「金錢」與「幸福」之間的關係，都是「正相關」（錢愈多愈幸福），這點在人類的集體意識裡面，從來都是無庸置疑的共識。可是這個集體信念到了二十一世紀即將改變。

二〇〇八年的金融海嘯，帶給全世界民眾非常大的震撼與思考；但諷刺的是，就在各國政府好像焦頭爛額地拼命想挽救經濟時，從二〇〇八年之後至今，全世界最富有的那百分之一人的財富，比金融海嘯前還大幅增長，絲毫未受影響，財富M型化的狀況在各國都更加惡化。於是從「全球占領運動」開始，一直到各國風起雲湧的、因高失業率與樽節措施所造成的示威抗議事件，其主軸都是在探討所謂的「經濟發展」與「人民福祉」之間的關係。台灣也是一樣，無論產業的外移、環境的污染、土地的開發、財團的BOT、薪資倒退、房價問題、服貿、核四……這些議題引發的，其實就是一場場的「經濟發展＝幸福嗎？」的大辯論。

事實上，世界各經濟體底下的人民都在做著一樣的功課。如果你把這幾年全球各種經濟抗爭事件的民間發言全部剪接在同一個影片中，你會發現非常驚人的雷同性，裡面示威群眾說的話一定是：官商勾結，財團治國，有錢人愈有錢，沒錢的人錢愈來愈窮，我們的下一代買不起房子，年輕人高失業率，民主機制失靈，基層不斷被剝削……你把在巴黎示威抗議的人講的話直接搬到凱達格蘭大道，或是相反過來，都完全適合。

我們這個時代，最主要的功課就是「金錢議題」，你看無論是環境污染的議題、社會公平的議題，幾乎都是從「金錢議題」衍生出來的。就個人而言，幾乎大部分人花最多能量關注的領域，也多半跟賺錢相關。「金錢」可以說是這個時代最重要的「關鍵字」，但最弔詭的是，我們似乎愈關注，這個問題愈大。在我們的另外一本書《回家》（二〇一四年，商周出版）裡，有這麼一句話：如果金錢可以解決經濟問題的話，為什麼現在是人類歷史上「錢」最多的時代，卻最無法解決「錢」的問題？

其實，「金錢」真的不是罪惡的淵藪，卻也不是什麼神奇的萬靈丹，因為金錢只是一個「介質」，這才是它的原貌。有關金錢的本質，底下引述在我們二〇一二年出版的另一本著作《奉獻》中，談到金錢最初被設計出來的目的：

金錢是因應人類的意識層級而給予人類的靈感，它的本意良善，是一個方便整個社會能夠去照顧每個人的設計。

並不是每個人來到這個世界上，天性都適合去種稻米、種水果，也許他喜歡的是吹奏樂器、剃頭髮……可是會種東西的人有得吃，那不會種東西卻會吹奏樂器的人怎麼辦？還好，有金錢這種發明，當人們需要娛樂、需要在祭典的時候有音樂，找會吹奏樂器的人來表演之後，就可以給他金錢來回饋他，照顧他的生活。

有的人會剃頭髮、有的人會醫病……這些事都是大家需要的，但做這些事不會直接產生食物與房屋，該怎麼辦呢？金錢這個點子可以解決。我們把所有東西和工作，都標上了價錢，於是金錢就可以用來代換任何我們需要的東西了。

所以「金錢」絕對不是罪惡的淵藪，事實上最初它是一個溫柔的設計，用來讓所有的人都能受到照顧。

原來，金錢只是人類互相照顧的時候，一個很方便的介質。所以重點來了，如果人類不願意互相照顧的話，金錢也會顯現出分配不均的狀況，所以所有的「錢逼死人」的經驗，實際上都是「人逼死人」，跟金錢是無關的。

於是顯然，財富M型化根本不是金錢的問題，而是人所懷抱的「理念」的問題。若你在地獄，再多錢也遇不到天使；若你在天堂，再沒有錢也不會怕餓死。所以很顯然，「金錢」與「幸福」之間，並非正相關的。

愈來愈多的人開始明白這點，他們說，不要再迷信GDP，國家不應該一味追求GDP，而更應該發展一種「幸福經濟」。

那「幸福經濟」究竟是什麼？其實很簡單，只要大家都「開始過有理念的生活」，所創造出來的經濟不就是「幸福經濟」嗎？

當你用理念去工作，你會用提升產品品質的方式去賺取更高的報酬，而不是靠炒作和黑心；而你也會把錢花在有理念的人事物身上，讓他們更蓬勃成長。如果你賺了很多錢，除了你自己享受的一部分之外，你也會把賺來的錢再去回饋給社會上需要的人或自己的員工，因為你有長遠的眼光，知道大家都幸福，自己才是大贏家。於是，當人人都用

「有理念」的方式去工作和生活時，所創造的幸福社會，將遠遠不是GDP數字所能衡量的。

所以在即將到來的「理念時代」，最重要的理念將會是：

**讓人民在「沒有錢」的狀況下都能夠過得很好。**

二〇二五年之後，這不再會是個充滿爭議的想法，而開始會發展為一種普世價值。國家的發展應該要朝著什麼樣的方向？這會是最有共識的答案。而十年之後出生的孩子，等他們再長大個十幾歲，聽老師講著不過就只是二十幾年前的社會情況的時候，他們會非常驚訝的說：「天啊！學校裡不教導愛，卻每天都在考試，這真是太無法令人想像的『文明』了！」

也許有的人覺得這樣的陳述太過樂觀，但是就在五十年前，如果有人告訴你，以後每個人都是千里眼和順風耳，他們在家裡問一個問題，全世界都可以回答他，你會相信嗎？但我們現在已經過著這樣的生活，並且還覺得非常自然。那麼，踩著人人都是千里眼與順風耳的這個成就，你知道再過二十年，世界有能力變成什麼樣子嗎？

我們看到了，也告訴親愛的讀者了。我們確知，我們此刻正在前所未有的臨界點上，社會此刻的動盪不安，實際上是正在通過那個千古未決的金錢議題，當代的人們正在進入一個分娩的過程，將誕生下新的信念，而成為更有愛的人類，我們正在蛻變成阿凡達。

未來，人類還會更緊密地連結起來，就像一個聯合起來的「大能」那樣，以更快的速率互相回饋；於是，還有更高、更神奇的科技與公共政策會從這其中誕生，大幅改善這個世界每一個人的生活。這就是一個更擴展的愛所必然帶來的世界，只要「愛」不設限，文明就不再需要崩壞，而可以一直一直揚升上去，沒有止盡。

過去大家談「愛」，卻不知道它跟經濟、跟科技發展有什麼關係，其實，當愛落實在人間，它就是「理念」。誠摯的邀請你，現在就開始過有理念的生活，並把這個答案，與所有希望改變這個世界的人分享吧！

## 3 從現在到未來二十年的演化預言

雖然我們說，二〇二五年開始，人類進入了「理念時代」，但並不是表示那是一個毫無問題的社會，一切都變得像在天堂中一般美好。因為過去所遺留下來的種種問題，還必須時間去收拾；但值得慶幸的是，這時候是真的在處理問題，而不是製造問題了。現在我們就來描述一下，我們對接下來二十年的社會發展狀況的預言。

### ◆二〇二五年～二〇三五年
### 主軸：崩壞與反省

這個階段是官商組成的「財團組」與網路組成的「民團組」，呈現鋸齒狀拉扯的震盪時期，不過這個鋸齒狀的震盪幅度會愈來愈小，就像一顆大石頭投入水中，一開始掀起的波浪是比較大的，但後續漣漪就會愈來愈小。這是由於彼此理念愈來愈靠近的原因，也就是新的理念時代已經逐漸來臨了。

所以在接下來幾年，你還會看到這場拉鋸戰持續發生，而每一次的拉鋸，都讓舊結構、也就是政商勾結的「財團組」結構，不斷崩壞、重組；然而另一方面，透過網路，新的理念、治理公共政策的點子也不斷產生，並且被小區域的實驗著。在網路的世界，將來還會有比社群媒體更厲害的串連方式，例如治理國家的政策可以透過網路的某種機制產生，民主投票也可以透過網路來進行（離我們寫書最近的例子是二〇一四年六月二十一～二十二日，香港民間舉行了透過下載APP，針對特首普選進行公投的活動）。

也許有人會想，可是國家可以控制網路啊！其實我們都把他們想得太大了。以比例上來說，想控制網路、讓網路不自由的人其實是非常少數的，雖然他們看似掌權，但他們還是必須藉由在底下工作的人去進行控制；然而只要底下有一個人有理念，跟上面槓上了，這個控制就會出現破口，甚至一夕之間崩盤。現在已經是民智大開的時代，少數人想對抗極多數人的想望，這已經是注定會失敗的掙扎了。

## ◆二〇二五年～二〇三五年
## 主軸：建設新時代

上個十年，由新理念所帶來的新事物，普及速度還相對緩慢；但是到了二〇二五年之後，有理念的事物會很快成為主流。網路所扮演的角色還會更全方位。

以商業活動而言，在這十年中，連購物都可能發展成，幾乎全部可以透過網路系統，並有非常快的物流，任何物品甚至一小時內就能送到你家的景況。可是這個購物模式並不是像現在，是因為財團想搶錢而去架構出來的；那時世界的思潮，會從資本主義、社會主義、共產主義融合，產生出新的主義出來，是更接近「第五次元意識」的一種主義（註），因此這種網路的購物架構是用理念規畫出來的，宗旨是真正造福每一個人。譬如這個購物架構中，哪一個部分交給哪一個財團去做，是經由大家的同意後授權的，如果這個財團有弊端就馬上會被換掉；發展這個架構不再是為了賺錢，這點所有參與的人都有共識。這個模式將會大獲成功，也因此，新的財富機制慢慢會被思考出來，取代過去的金錢交易系統。

但真正完整的新時代財富機制，大約還需一百年之後才會建立，到那時，會有一種比現在更智慧型的「信用制」，於是人類甚至可以不需要金錢的想法，也在那個時期（二十二世紀初）漸漸被大眾接受了。當信用制發展得非常成熟時，金錢這個介質，真的將不再需要，而從人類的生活中消失，這是人類歷史上從來沒有的成就。所以現在可以說是「新時代」的開始，而到二十二世紀初，人類的文明已經有了前所未有的新型態。

●（註）第五次元意識：有關於此，請參閱《奉獻：打開五次元意識，看見尊貴、美好的生活》一書，商周出版。

拉回到現在，未來的二十年的趨勢是：你如果要做生意，就必須有理念，沒有理念是愈來愈做不到生意的。未來的社會資源只會流向有良知、有理念去做事的人，而目前因為財團利益而被封鎖住的新科技與資源，也都會陸續被釋放出來。

「理念崛起」，這就是這四個字為何會作為本書書名的原因。我們相信只要記住這四個字，你將能乘著新時代的浪頭，開創屬於你自己、屬於大家、屬於我們未來子孫的黃金年代。

結語

# 理念，就是以「覺醒」，去整理你心中的「念」

## 1 向官員喊話

如果讓人民繼續這樣被壓榨下去，確實有可能發生流血革命的。本書強調「不流血的健康革命」，就是不希望社會走到那一步，而能以較平順的方式改革。如果說你還是繼續只追求自己的利益，那麼接下來，那不過也只是金錢在數字上的增加而已，將不能真的為你帶來幸福了。因為當人民什麼都沒有的時候，他們一定會過來跟你搶，這是可以看得到的未來。所以你們這些官員是不是也該要覺悟了？如果你無法覺悟，那你也就像癌細胞一樣，把母體——就是這個國家——吸乾抹淨之後，也會自取滅亡。你要選擇這樣的人生嗎？

也許你們想，將來你可以跑去國外逍遙。但這是舊思惟了，現在是網路時代，所有人都是千里眼、順風耳，你去哪裡會不被找到呢？真正恨你、曾被你欺負、想把你除掉的人，他還是可以殺到國外去。現在已經跟以前的時代不一樣了，你們的想法必須更新，這個你離開的地方，愈來愈清明的政府將會出現，新的政府要辦你的話，跑到天涯海角，他們都抓得到你的，甚至還會「斬首示眾」——就是特別嚴辦，殺雞儆猴。這些事情過去也曾發生，相信你們心裡都知道。

所以不管你現在的錢是怎樣A來的，但至少從現在開始，你要真的去做照顧人民的事，那這些錢你將來才享用得到。如果你還是只顧吸血的話，你的現世報也很快就會到了，弄來的那些錢，最後也會無法享受，變成一場空。

其實，請官員們捫心自問：你們錢、權都拿到了，但像社會充滿黑心食品這樣的狀況，你們真的覺得好嗎？你們既然不該賺的錢也賺了，就算是為了讓你自己的錢能夠真的用得幸福快樂，你們現在也要趕快去做一些該做的事，讓台灣人民過得幸福一點。現在台灣還有希望，台灣現在還是有一點錢的，趕快去把真正為人民生活著想的基礎建設做好，這樣社會就還可以維持平衡，不會走到革命的那一步。

## 2 向讀者喊話

二〇一四年的太陽花學運，發生地點是在台北，但台北仍然有很多人是反對這場運動的。其實即使是反對學運的人，自己對大環境或政府也有很多怨言，但他們不知道，台灣社會很多有真正深耕在生活裡面、看到了問題根源的人，他們在網路的世界已經一直在連結了，只是網路會把這個反省的部分加大與加速，所以他們的反應超出了你的認知範圍而已。然而如果你的視野沒有跟上，你的講法、作法很容易地就會開始在別人的面前出包出糗，你也會因為接下來還會不斷發生的抗爭事件而壓力倍增。可是如果你可以跟上這個深刻反省的大趨勢，你就真的知道如何在接下來的時局趨吉避凶，並且，你也會漸漸成為一個有理念的人，你心裡面的愛也能出得來。

很多還過著不錯生活的人，並不知道我們的社會已經充滿「炸彈」、危機四伏，這些炸彈，正是因為弱肉強食的社會風氣造成的，也是因為我們的漠不關心累積出來的。本來絕大部分的人都是有愛的，但是在受過傷之後，心裡就有很多的不甘心，就開始決定不要再用良知去做事，開始只想要贏的感覺。如果一個人心裡很多的不甘心沒有化解掉，總有一天就會變成一枚炸彈。

現在每個人心裡面都有那枚炸彈，只是或大或小，而它在什麼時候、在什麼時機點會爆出來你不會知道。這也就是為什麼鄭捷犯下了捷運殺人案之後，居然會有粉絲團出現的原因。其實每個人對社會、對人群都有那個仇恨的部分，只是大家的輕重緩急不一樣而已，要不然就不會每天都有不同的社會事件一直在上演了。那些都是有人心中的炸彈，遇到一個引爆點，終於炸開來的現象。所以，你真的覺得你身邊的人、甚至是你自己，哪一天不會突然上了社會版面的頭條嗎？這很難說了！其實許多人都想像過，自己不知道哪一天就會突然對著家庭、對著上司、對著鄰居、對著公共場所做出爆衝的舉動，不是嗎？

所以你要怎麼辦？災禍正在彼此的心中滋長著，你又必須生活在這個社會中，你切割不掉的。我們認為只有回歸到「理念」，才能逐漸拆卸掉所有人心中的不滿，**何謂「理念」？就是用你的「覺醒」，去「整理」你的「心念」，留下真正對自己、對別人有愛的念頭。**一旦你願意去做有理念的事，別人對你的感謝，也會讓你的心很容易再回到愛的。

閱讀這本書，就是讓你的心從社會的紛紛擾擾中，得到整理、得到清楚、回到愛、回到安定、重新掌握自己的方向。所以，如果你覺得這本書也可以幫助到別人的話，就把這本書送給他吧。

# 外章

以下是過去刊登在作者臉書當中的文章。如果想持續與作者交流，歡迎加入臉書「章成（心靈教室）」為友。

## 〈如何讓社會事件為你增加智慧，而不會成為負擔〉

捷運隨機殺人事件讓很多人受到驚嚇，感到沉痛、恐懼，雖然有各種角度的反省聲音出現，但基調都是沉重的。甚至網路還開始出現教你防身術，或遇到殺人狂該怎樣因應等資訊；還有人把焦點放在捷運是否應該加派警力、甚至考慮推動安檢措施等等。可是人在看這些資訊的同時，情緒的壓力並沒有抒解，因為這些都是基於恐懼和心痛出發的。雖然這是人之常情，但我們卻可以試著讓自己用不同的方式來面對。

任何社會事件確實都值得檢視、反省，但這個目的本來是為了讓生活變得更好，而不是讓我們變得更擔心、更憂鬱。所以檢討、反省還是要的，但怎麼做可以拿掉那個負擔的感覺，甚至能引導你的心走回溫暖與力量感呢？

其實只有一個小訣竅就行了：

**把「沉痛→反省」改成「感謝→反省」**。

作法是——當你要去思考某個社會事件、或社會事件中的某些人物的時候，請改用以下的流程去進行：

先用「感謝＋反省」，去觀察那個事件裡的人事物。

再把「感謝＋反省」代入自己現在的生活，然後再去感受這個事件對自己的意義。

我們就以捷運隨機殺人的事件為例，來試試看這兩個步驟：

第一步：當媒體開始去追溯鄭捷本人的成長歷程和家庭背景，會有很多資訊流出，你可以去觀察，他是一個會去感謝周遭人事物的人嗎？看了一些他的報導，是否可能發現，其實有些事情是他還是可以去感謝、甚至是去回饋的？例如什麼呢？你不妨天馬行空的想像看看。如果他平時有這些感謝，再去反省自己心中的某些念頭的話，會不會有一些修正呢？

接著，在新聞裡，也報導了鄭捷的父母親從一開始到後來的反應。那麼你也可以去觀察，鄭捷的父母親，平常對這個孩子的存在，是否心裡有「感謝」呢？即使孩子有什麼不如預期，但孩子來到世界上，有可能對父母都沒有貢獻嗎？如果會有，例如什麼呢？你不妨天馬行空的想一想。那麼，當作父母的，有了對小孩的感謝，孩子還會那麼地無價值感嗎？

只要你代入「感謝＋反省」去看社會事件，你就會看出很多端倪，你不僅能敏感到糾結的地方，也會看到解套之方向。

第二步：當你接下來想去評論、轉述、分享這件事情的時候，先停下來，花一些時間去感謝你現在的生活。自問：「若從這樣不幸的事件裡反觀自己現在生活的話，我會找到哪些值得感謝的人事物呢？」也許你看到了生命如此的無常；你發現就算只是超平淡的生活也值得感謝；或是身邊的親人每天平平安安的回來，原來就是一種幸福；甚至你突然會想到自己也曾經憤世嫉俗，差點走錯一步，還好那時有個關心你的人出現……

當你先回來感謝了之後，才開始思考這個不幸的事件，帶給你什麼樣的省思？我相信這時候，你得到的是更多的清楚、更多的明白，讓你更知道怎麼去過好自己的日子。

做過了這兩個步驟以後，你再在臉書上去討論、分享時，你會給別人真正帶來啟發和力量。而你在看到後續排山倒海的資訊時，也會很清楚看到，這些資訊是站在什麼樣的情緒或位置發言的，你會看到他們那樣的發言是否真的對自己和社會有幫助？你會有清明，也會更知道什麼是你要轉分享的，你自己會篩選。因為你已經回到愛中。

如果曾經看過我在二〇一二年出版的《奉獻》這本書的讀者，你們會知道那本書的主軸就是談「感謝＋反省＝奉獻」。這幾個字聽起來很教忠教孝、老生常談，但為什麼值得寫一本書呢？因為如果你懂得怎樣把它用在生活裡，那麼，你人生的各種考驗，都會變成能夠增加你的智慧，卻拿掉了許多情緒的負擔。這個小公式所內涵的益處實在太大了，我自己實在受惠良多。

刀，可以用來殺人，也可以用來幫助人，不要讓社會事件成為讓你的心傷痕累累的負擔，而讓它們成為使你更有力量的引子。這是做得到的，只要記得：先回到「感謝」，再去「反省」。

## 〈社會爆衝風起雲湧，修行人！怎麼安頓你的心？〉

最近，社會的衝突、人心的爆衝愈來愈多了，是嗎？如果你說「是」的話，恭喜你，你是已經轉換了平行宇宙的人類，這群人類的狀況就是：眼界打開，開始看到更多。

那麼，你感到睡不安穩、內在一股爆衝之力、情緒浮動嗎？為什麼？這就是因為你還不習慣「眼界打開，看到更多」這件事；用另外的角度說，你還不習慣升級到新的平行宇宙而已（這裡面有著更擴展的你和他人）。

然而，有些人甚至陷入沮喪、憤怒、吃不下睡不著、很想去拼命的狀態。這樣的你，也許更積極地投入社會運動之中，也許付出更多；但同時在這其中，你是折損的，你的心陷入更大的苦裡面，這個部分是需要調整的。不遠的過去，在苗栗的那一場掀起全國矚目的抗爭中，最後，有人陷入重度憂鬱症而失去寶貴生命，竟未能看到勝訴的結果，很令人遺憾。為何會如此呢？

參與社會運動是好的，也是必要的，因為可以提升整個社會走向更有心、更有愛、更平權、更均富的方向。然而在這裡面，有一個一念之差就是：你的參與，如果大部分的動機，是因為自身的利益受損，是因為不甘心某個冤屈、某個損失，那麼雖然你加入了這個社會提升的過程，但是你卻會是在其中「更看不開」、引發身心症的高危險群。

當然，有的人因為不喜歡衝突和紛擾，就忽略集體社會的意識擴展，躲避在自己的「小確幸」（或所謂光與愛）當中；然而，那些人所謂的光與愛，只是逃避自己入世的功課（那原本是來地球的目的），那麼，他們只是延長了自己通不過這個輪迴的學習階段的時間而已（可是那些在參與中學習的人反而在提升）。

「小確幸」的功能只是來地球做功課中間的休息和平衡之道，如果大部分的時間都在「小確幸」，你可以去觀察，那個人就是在變笨。笨到只能從小綿羊身上看到神性，碰到死皮賴臉的人，他就會不知如何是好，節節敗退，怎樣帶領這人成佛的辦法，他一點手段也無。

拋下「小確幸」的奶嘴，你願意接受自我挑戰，去迎接更複雜的世界，這確實是成長。但如果你不小心回到了你的「看不開」、「不甘心」，你的意識擴展將為你帶來精神疾病。很多人不知道為什麼有人會突然精神分裂或崩潰，其實往往這其中都是有很大的意識擴展，卻因為那個「自我」的「要」或「不要」，而整個混亂了。

這就是長久以來，人們常在心裡頭參究的公案：人知道的太多，真的會比較幸福嗎？

答案是，世界上沒有「維持現狀」這回事。所以重點是，你一定會知道得更多，而且有時候在某個階段，爆炸般的「知道」會一直塞給你，你會發現世局事實上一直在改變，這時候你必須迎向前去，這是不可能有退路的。

那麼你要怎樣消受？

其實，你只看到了難熬的這一面，讓我先告訴你另一面的風景。這個意識擴展，如果你能夠安穩度過，你的生命素質將會有「如虎添翼」的提升。過去你實現不了的人生、安頓不了的煩惱，新的你將有力量達成，因為你的智慧已經提升，這才是你內心真正渴望的「大確幸」。

可是，如果你一直用「損失感」作為你參與社會運動的主要基調（誠實面對內心，你就能夠分辨），你就沒有辦法在這個過程中經歷那個「讓你的智慧如虎添翼」的過程，因為你的心中真的有敵人，而這真的是一場「某種東西」的保衛戰，那麼情緒就很容易淹沒你了。

事實上，社會運動的目的，是在藉由「某種東西」的保衛戰，去啟發自己和他人，重新「回頭是岸」，回到良知、一體感（休戚與共的事實）的清明，然後回到愛去做事。後者才是真正的目的，前者只是一個因緣際會的焦點。所以，拋卻你的自私，拋卻那個你拼命想保護的物質焦點，你才能看到：參與社會運動，著眼的是整體社會的啟發，所進行的一場「演出」；你會扮演好那個喚醒人們的「角色」，但只是「角色」，只是社會在這個階段所需的「角色」而已。

真正以大愛為出發點的投入，就會讓你學習到如虎添翼的智慧。正是因為入世，你更能感悟出世；正因為出世，你更有手段入世。所以入世的同時也出世，千手千眼就是這麼來的。

究竟，不管是張藥房的房子，或兩岸交流的現況，都無法「維持現狀」不變的。物換星移是宇宙唯一的不變，在物換星移當中，任何事都不會留下來，所以這一切的意義就在於：經歷這個過程，你的清明不斷提升、視野不斷擴大、你的愛也不斷重回心中。你藉由入世，看透自心貪嗔痴的出世般若，與豐富經驗所造就的入世智慧，讓你將笑傲江湖地大步昂然行走，披荊斬棘，降妖度魔。沒有起點，沒有終點；不需起點，也不再需要終點。

那時候你就是大勝（大乘）菩薩了。

## 〈千萬不要救經濟——讓我告訴你每個人能做的社會革命〉

星星，用畫的很簡單，一筆就畫成了。

在我們的心裡，看著那簡單的一個多角形，心中就會燃起一個美麗的想像，這就是我們透過畫星星，想要表達、想要體驗的。

每個人看到那個紙上的星星，就能感受到心裡面的星星，就能感受到那份美、那份愛……

鈔票也只是一張畫出來的紙。如果說，金錢，就像一顆紙面上的星星，那麼當你將它握在手裡，在你心裡燃起的是什麼感覺呢？是一種喜悅、一種幸福、一種你可以吃得起某個好美的套餐、一種你可以買得起某件美麗的衣服的感覺吧？原來，金錢對你而言，也像天上美麗的星星一樣，擁有了它，你就可以許願，你就有權力期待。

可是，現在在你手中的金錢，是否還如此熠熠生輝？你知道你為什麼憤怒嗎？因為你看到你的希望在殞落，你看到你許願的權力在消失，你看到你手中的金錢，就快要淪為真的只是一個蠟筆畫的星星，不再能向你許諾什麼了。

那你怎麼辦？你的想法是：我要在手裡的鈔票愈來愈黯淡之前，趕緊蒐集更多更多，因為多一點的黯淡鈔票，還是能夠照亮我的生活。這就是大部分人的想法，因為你覺得，除此之外我沒有別的辦法，我沒有辦法不讓我手中的星星變得黯淡，因為這不是我造成的，這是這整個世界都在發生的事。

我瞭解。但是這個狀況，真的不是我們自己造成的嗎？如果真正的解決之道只有在自己身上才能找到呢？

讓我們還本溯源，來瞭解一下我們的鈔票是如何變得黯淡的。

台灣某個租屋網龍頭，在剛成立的時候，刊登租屋資訊只需要繳交兩百元，這個價格大部分人都負擔得起，也讓人覺得合理（因為人家也要架構網路平台、維護作業等人力），所以開始湧入非常多的物件。過了一陣子以後，租屋網為了想賺取更多的金錢，就開始更改遊戲規則，推出「繳六百元的人，刊登的物件可以被放置在最前面」的方案。大家因為希望房子快一點租出去，有能力繳六百元的人，心一橫就去繳錢了。可是過了一陣子，繳六百元的人已經很多很多，繳這個錢的效果又凸顯不出來了，於是租屋網又推出「繳一千兩百元，又可以被排入更優先的順位」的服務。

在這個演變過程中，沒有錢的人的房屋資訊（也許還正是你需要的物件）漸漸愈來愈不容易看到，愈有財力的人的房屋資訊則愈排愈前面，可是有錢人覺得自己也花成本下去了，所以也會想要把租金調高一點。然而在這其中，所有的人得到的經驗就是：只有錢愈多，才能愈有機會賺錢。

這個模式乍看沒有什麼不對，想要得到更好服務的人，就繳更多的錢，這不是很應該嗎？然而並不是這樣的。重點在於：你要得到更好的服務，這是ＯＫ的，但是不該是藉由減損別人權益的方式。當租屋網改變遊戲規則，把繳六百元的人的物件，放在繳兩百元的人的物件前面時，它所謂的「服務」，是去犧牲繳兩百元的人本來的權益，這個權益是之前繳兩百元的人在登入這個租屋網時，跟租屋網事先達成共識的遊戲規則（按照刊登時間順序排列）。

如果你還不是很懂，讓我再舉另外一個例子。日本某大型遊樂場所（國際連鎖），熱門的遊樂設施常常一排隊就要花一個小時，每個人都是花同樣的錢買門票進來的，所以大家就看誰先到誰就先排隊，很公平。然而後來遊樂園竟然推出一種所謂的加值服務，就是如果你願意花更多的錢購買優先權，你就可以不用排隊隨到隨進。於是，你也許花費辛勞在外面排隊等候足足一小時，可是比較有錢的人可以一來就直接排在VIP的入場隊伍中；重點是，這個遊樂設施的席位還是那麼多，這些後來卻先進入的人，也可能就讓你排到要進場之前，剛好就額滿了，你就必須再等待下一場。

這個「加值服務」曾遭到抗議，但遊樂園並沒有改變。事實上，這個遊戲規則有在購買門票的時候就告知遊客並被同意嗎？沒有，這個販賣優先權的遊戲規則是遊樂園單方面改變的。在這裡面，一般人的門票的價值，隨著這個「加值服務」，實際上是降低了，但你有聽說，遊樂園會合理地調降一般門票的價格嗎？當然絕對不會。

（這也就像你買了一張船票去搭乘鐵達尼號，如果船沉了，處置的方式就是：先把下等艙的通道鎖住，先讓頭等艙的人乘坐救生艇逃走，所以對頭等艙的服務是藉由剝奪下等艙的逃生機會而來的。）

在這裡面賺最多暴利的人，就是「促進」大家競爭的人，但他給出的東西是不變的（同樣一個租屋網、同樣一個遊樂場、同樣一筆土地），他只是製造競爭，就能夠不斷衝高獲利。而競爭中的勝利組，當然也都是競爭能力強的人，他們很快就會領會到這麼做才是最大贏家，因此他們開始捨棄「在自己的工作上做出好的產品來賺錢」的邏輯（因為這樣賺錢太慢），而學到，即使拿出一個普普通通的東西，甚至是一個黑心的爛東西，只要能夠引發人們的競爭（或投資），他就能賺取暴利。

這就是炒作的意思，而炒作的問題就跟遊樂園販賣優先權一樣，它同時剝奪了你原先手裡金錢的價值，讓你過去辛苦所賺的錢不再能帶給你相同的幸福。例如，以前你手上的十元，可以買一個饅頭吃（這個饅頭還是天然發酵、手工純糖、口感很扎實的），所以你吃兩個饅頭就飽了。但是現在你手上必須有二十元，才能買到同樣的饅頭（而且也不真的是同樣的，它口感鬆垮、毫無筋性，還加入人工香精），這樣的饅頭你需要吃四個才能飽。

那你說，以前做饅頭的那個人跑去哪裡了？如果有所堅持的，就只能關掉饅頭店，或搬到店租便宜的地方；不能堅持的，就去批發大量生產的這種機器饅頭來賣；至於更「聰明」的，就去開饅頭工廠，開始作假的五穀饅頭、假的芋頭饅頭、假的黑糖饅頭，成本低，又可以跟隨養生風潮炒高饅頭價格，才一、兩年就可以買個賓士到處跑了。

炒作等同於排擠，所以只要是都市地段好的地方，衣食住行價位都不斷升高。有的人說，那誰叫你要住在這些地方呢？你可以搬走，去住在比較便宜的地方啊。問題是，原來就住在這個地方的人，為什麼要因為你來炒作物價、房價，就必須搬走呢？此外，人生活所必須的醫療、教育、各種社會資源或是較好的工作機會，也都被階級化了，人們當然會盡可能留在大都市裡。最後一點，就以台灣來說，炒作無處不在，連台東的房價都不斷上漲，如果西部人要紛紛搬去東部，難道東部人要搬去太平洋？

一直以來，整個台灣都在炒作，並且只要一碗麵上漲了五塊錢，它就幾乎不會再降下來了。可是賣麵的人即使漲價，自己賺錢的速度也永遠比不過別人用炒作來滾錢，所以只要一有錢，就會試圖去投資獲利較高的東西；在他的心中，賣麵是非常薄利、可憐的生意，因此他不會花心思去研究怎樣煮出好吃的麵或變換新的口味、努力打掃自己的店面。人人都想：工作只是為了賺錢，要是自己有能賺更多錢的機會，當然不會在這裡賣麵。

現在開早餐店的人，是因為喜歡做早餐嗎？開茶飲店的，是因為喜歡泡茶嗎？做理財專員的，是因為想用理財來幫助人嗎？有人說：開玩笑，當然不是。但我們必須去想，這為什麼是「當然」的呢？我們必須去想，當大家都是為了錢工作，逐金錢而居，這個邏輯將會導致什麼？

事實上，「工作就是為了賺錢」這種想法，就是今天台灣各種問題的根源，這個根源因為太被視為理所當然，從來不會被探討，所以台灣的各種令人痛心的症狀只會愈來愈厲害，怎樣都治不好。

「工作就是為了賺錢」，其實是一種思想上的癌症，叫做金錢癌。金錢癌的症狀就是：做東西最重要是能賺錢，利潤愈高愈好。

為什麼這個思想是癌症呢？因為癌細胞的模式是：只要增加癌細胞自己就夠了。但是當每個細胞都轉成癌細胞的時候，誰來好好負責肝臟細胞本該負責的排毒功能？誰來好好負責腸胃細胞本該負責的消化功能？誰來好好負責肌肉細胞本該負責的運動功能？於是整個身體就開始垮了，最後就在癌細胞最旺盛的時候，它自己也死了。

專家本來的職責是如實按照人民的需要提出建言，卻變成為了自己的仕途，努力利用專業圖利財團；業務員本來的職責是按照客戶需求介紹產品，現在卻變成只推銷對自己最有利的東西，隱瞞對消費者不利的資訊……各行各業本來像是一個人的五臟六腑，應該善盡其職，提供彼此幸福與健康；但現在的五臟六腑卻紛紛失去真正功能，轉而圖利自己，拼命複製金錢。這不就完全是癌細胞的病變模式？而在這些複製金錢的過程中，並沒有相對應的、可以讓人幸福溫暖的東西被製造出來，相反的，是更多的謊言、炒作和污染。因此，你的金錢除了愈來愈薄之外，所能換給你的幸福與健康，也在急速減少當中，所以我們的社會發展才呈現出現在的樣子：實質薪資倒退，生活品質被黑心產品撲天蓋地圍繞的狀況。

現在有人說，要想辦法帶更多的錢進入這個島嶼，這個有美麗海風吹拂的島嶼。但是，別人為什麼要帶更多錢來這裡呢？那些有能力帶著那麼多錢來的人，他們的目的是什麼呢？難道是來扎扎實實地做好饅頭、賺個幾毛錢的嗎？當然不是，他們早就不在這個階段了，他們是來炒作的。於是台灣大多數的人將加速體驗到，那些吹著海風的地方，開始不是你能夠消費得起的地方，然後，那些你還能去的地方，已經污染了。

請不要再認為，直接去賺錢或直接去找有很多錢的人進來台灣，會讓你的人生更好，因為如果他也是金錢癌患者，一心追求最大利潤，那麼你將住在地獄。台灣需要拯救的是幸福，而不是經濟。而拯救我們的幸福的方式，正是拒絕更多快錢的利誘，然後在自己的工作上，敬業地提供給別人真實的幸福。這個小島上的人們能夠這麼做嗎？如果能，它將是全世界經濟問題的答案；如果不能，這個小島就會成為一個，再也難以許願的地方。

再說一次，別讓患有金錢癌的人帶著錢進來台灣，同時治好你頭腦中的金錢癌，然後更新工作的意義：「工作是為了彼此照顧，金錢則是互相照顧的介質。」台灣才會是一座真正幸福的島嶼。

讓我們再回到一個孩子所畫的那個笨笨的星星上面來吧。孩子是我們的未來，他的星星是否能夠發亮、許的心願能否實現呢？就看我們現在救的是金錢數字，還是幸福了。

# 〈跨年煙火，是台灣的空砲彈〉

今天早上我和M先生照例到植物園裡頭散步，照例遇到了經常打招呼而認識的園區清潔人員，每天我都感謝著他們在裡面清掃著永遠掃不完的落葉。有一次我才知道，原來連植物園裡低矮的石垣也要刷洗，不然會長青苔，所以我相信一定還有很多工作細節，是我在散步的時候看不到的。

今天很冷，正覺得對方怎麼穿得這麼少？才想起人家是在工作中的。這位清潔人員停在冷風中對我們說，再過幾天就年底了，有四個清潔人員就要被裁掉，還不知道自己是不是其中之一。我知道他的意思是預先跟我們講一聲，以免萬一以後沒看到他。

他說，植物園的清潔工作是交給外包廠商，但政府說沒錢，經費縮減，要減少雇用，所以外包公司就裁員了。可想而知，不只是一下子有四個人在跨年的那一刻起便失業了，年後植物園中留下來的清潔人員也將工作量倍增。

跨年的那一刻，當晚會的煙火在空中燃燒，不知道看在那四位被裁掉的清潔人員眼裡，是什麼感覺？以前的邏輯是，工作表現不佳，被裁員是應該的；現在卻不是因為你做不好，而是政府說沒錢，所以你要走，讓留下來的人多做一點。然而說沒錢的時候，卻看著幾千萬就在空中燒毀，我不知道他們拄著掃帚看著天空，能不能懂？

我也喜歡熱鬧的跨年晚會、美麗絢爛的煙火，我也喜歡生活中的節慶與浪漫。但是，不會因為這樣，我就不願意去正視政府機關財政拮据的事實；我更不會不去思考，把機構正常運作該花的經費與人力不斷縮減，卻在慶祝活動上毫不手軟，這究竟是對還是不對？

煙火可以迷亂我的眼睛，但不會迷亂我的心。不會因為小鴨可愛、泰迪熊美麗、路跑熱鬧、跨年歌手陣容堅強，我就看不到政府如何面對清境、面對後勁溪、面對台灣人才的流失以及節節上漲的物價，我不會因為這樣就看不到政府的治國無方。

經濟愈不景氣的時候，政府就愈想要娛樂人民。但願台灣人民都看得到該看到的真相，否則我覺得真的快了，荒謬的事情就要降臨在你我身上。

## 〈比香精更糟的人工添加物，是價格〉

胖達人的總經理出面道歉，聲稱不知道廠商所提供的香料不是天然的，為「查明不周」向消費者道歉。麵包「達人」怎麼一夕之間跟我這個外行人一樣，連香精是什麼都不懂了呢？那麼，胖達人所請的麵包師傅也是剛學做麵包的囉？這樣的回答讓人深深感覺，他們內心是怎樣評價消費者的智商的。然而這等行徑，在法律上，只能夠處罰最多二十萬元。任何人皆知，以其收益而言，完全不符比例原則；也就是說，在台灣，欺騙消費者是被鼓勵的，因為無論怎樣算，都太划算了。

所以就在大家把焦點放在「加香精」上面時，我們必須把事情看得更清楚一些，胖達人的麵包裡面還有一個更嚴重的「不實添加物」，是麵包的價格。

大家可曾想過，為何麵包店一家一家開，而且裝潢一家比一家高級，可是饅頭店卻幾乎消失殆盡？原因很簡單，饅頭很難「包裝」，無法賺取高利潤，但麵包可以。本來賣麵包的利潤就很高，所以大家捨饅頭而賣麵包；可是現在胖達人經過「天然」一詞的包裝後，又可以大幅拉高麵包價格，賺取暴利。如果沒有被揭穿的話，接下來就會有其他店家競起效尤，開始有樣學樣炒高麵包價位。於是漸漸地，你會發現相對價位較便宜的麵包又會愈來愈少，而高利潤的麵包則愈來愈多，也就是，物價又在不知不覺中加速上漲了。

所以胖達人麵包事件反映的不只是不實廣告的誠信問題，也不只是不擇手段的商業風氣問題，有一個更深遠的謀略，是金字塔頂端族群慣於透過「改善產品」或「產品升級」的藉口，讓物價繼續往上攀升以增加利潤。這手法你是否識破呢？

這個世界充滿了一群只想賺大錢、小錢不屑賺的人。所以他們如果搞音樂，絕不會苦哈哈做音樂，只想當經紀公司開演唱會撈錢；他們如果搞電影，就不會想拍好電影，只會想投資有票房、有卡司又有話題的電影；他們如果作文創，想的就是如何透過文創包裝讓兩百塊的東西變成兩千塊。他們不想做出真正健康、真正好喝的綠豆湯，他們關心的是，如何讓一碗二十塊的綠豆湯能透過奇妙的包裝變身為一碗一百塊，然後大家還趨之若鶩。

而這樣的炒作方式，讓堅持道德原則、忠於良心的人變成了被淘汰的傻瓜，讓搖擺不定、有生存恐懼的中間份子紛紛加入仿效，於是物價就在每一次的大跟風之後，又被悄悄地拉高了。大多數人的生活痛苦指數增加以後，又結論出「所以賺大錢真的很重要」的信念，漸漸地，全民互毒互騙互炒的方式就形成了誰也阻止不了的惡性循環。

當麵包店紛紛開始推出百元以上的麵包時，當所有真正便宜又天然的東西都沒人要賣時，這個社會已經生病了。我們不能夠純粹以自由市場的想法去思考，因為一個生了病的自由，將製造出地獄。

現在，只有寄望著你我在此時代演變中，親自體驗到深切的痛苦後，去反省、去覺醒，去重新選擇你要的店家、你要的政治人物、你要的法律，以及重新選擇自己的行為，我們才有可能回到良知，創造一個人人都吃得起健康麵包的世界。

## 〈別為吳寶春抱不平，他的麵包，你真的覺得好吃嗎？〉

最近因為吳寶春無法在台灣唸EMBA的消息引起許多討論。「台灣之光」必須到國外才能繼續發光的案例再添一樁！我想大多數人看了，心頭又是一陣刮傷感：台灣怎麼這樣？不過我想告訴大家，這種事二十年前就是如此了。

二十年前我在伊甸社會福利基金會工作，當時還稱做伊甸殘障福利基金會，有一次輪到我主編一本《身心障礙學生，大學入學選填志願參考手冊》，這本手冊的出版目的，是要幫助身心障礙的學生，在考完大學選填志願的時候，能夠瞭解他們想要選填志願的那些學校科系，到底適合不適合自己去唸？

當時我們必須先發函給台灣所有大學的每個科系，請他們就我們的問卷詳細表達意見，也就是幫助各個障別的學生瞭解這些科系將來要面對的學習，是不是他們能夠勝任的。比方，說誇張一點，全盲學生要唸美術系，或是聽障生要唸音樂系，當然就很可能不合適。可是問卷回收回來以後，讓我最驚訝的、對身心障礙學生接納度最低的，居然是各師範院校！也就是這些以培養教育人才為宗旨的台灣教育體系，卻對身心障礙學生擔任教職，給予最大的否定。

顏面傷殘適合選填國文系嗎？得到回答是，因為未來要以教學、面對學生為主，恐不適合！肢體障礙適合選填生物系嗎？因為未來可能從事各種實驗，並必須擔任導師執行各項工作，恐不適合！……看到這些問卷，我心裡真的非常難過。那是我第一次瞭解到，我們的教育體系是多麼的保守！說白一點，就是多麼沒有見過世面，也多麼不肯花心思去好好思考。

而這樣的事，二十年之後，又在吳寶春的事情上看見了。我不否認，唸碩士需要有一些能夠勝任研究工作的知識能力為基礎，當然是需要考核的，但用幾條規定照章辦事，不合者一律被拒，這是教育工作者的態度嗎？本來說要到六月份才有可能為吳寶春案研議修法，結果馬總統一句話，變成一週內可能可以完成。原來這些「規定」是這麼樣的「不是真理」啊！我們這些相信「學術專業標準」的社會大眾，真是受教了。

說起來，為吳寶春、阿基師甚至郭台銘這些曾經想要或申請過台灣 EMBA 被拒的人士抱不平是不需要的，因為除了台灣，世界上還有太多學府會願意擁抱他們。然而台灣究竟是一個要等到你光宗耀祖的時候才來錦上添花的小島，還是一個懂得栽培耕耘、識才惜才、真正有品味的地方呢？我想這才是真正值得關心的課題。當然，話若只說到這裡，那麼以上都是陳腔濫調，因為每次只要有一個「台灣之光」風潮，就有一次類似的社會評論，那評論了又怎麼樣呢？

其實真的要改變這種狀況的話，我認為不能只是批評教育單位，而必須冷靜下來想：這種事情是不是我們每一個人間接造成的？

吳寶春如果沒有得麵包冠軍，我真的吃得出他的麵包有多好嗎？李安如果沒有得奧斯卡，我真的覺得少年 PI 很好看嗎？吳季剛的衣服厲害在哪裡？如果我只是花兩百元買門票、在一個破爛小劇場看一支現代舞、不知道是雲門的話，我真的會驚為天人嗎？我有能力在我的生活周遭發掘有潛力的人事物嗎？還是只有在它被加諸了光環以後？

我們應該練習將腦子裡所有名牌摘掉，真實用心的去品味所有我們接觸到的人事物，從這裡開始，我們才會開始擁有真正的鑑賞力。這樣的話，我們身邊的潛力股，才不會被那些官僚人士隨隨便便訂了幾個規則就給否定掉！而我們也不會因為一時的市場或所謂的潮流，去忽視掉真正好的東西。因為你會支持他、為他發聲、栽培他，就在他還需要栽培的時候，而不是等他成為台灣之光以後。

而說不定，你也會開始獨自看到自己的天賦，讓它不再胎死在你懷中（不再死在「這哪能當飯吃啊」）。這樣的話，台灣人才就會如雨後春筍（因為也包括了你），台灣就有救了！

## 〈接觸自然，才能提高防疫戰鬥力——談防疫觀念的盲點〉

持續關心 H7N9 發展的人，不知是否注意到最近的這則報導？TVBS 在二〇一三年四月二十七日有則新聞表示：「香港大學最近和浙江大學聯合研究，他們抽樣大陸浙江省的活禽市場，卻赫然發現，其中竟然高達二成的活雞樣本，帶有 H7N9 病毒。」二成的意思，就是五分之一，這意味著，在研究人員抽樣的活禽中，每五隻就有一隻是病毒帶原者。

這毋寧是非常令人驚訝的數字。從報導中看不出樣本母數，令人多少存著一點僥倖的心裡想，這不一定代表整個浙江省普遍的現象。不過從感染人數每天穩定向上攀升的狀況看來，似乎病毒來源也沒有縮小的跡象；那麼是否經過一段時間的演化，病毒便將出現感染力更高，甚至能夠人傳人的變種呢？

同一則報導裡又這麼說：「浙江省衛生廳廳長李蘭娟說，H7N9 病毒的基因就像旋轉樓梯，台階穩定，傳染性就不明顯。問題是現在發現其中三個基因已經移位，如果再有一個改變，那麼就正式邁入『人傳人』階段。」

眼前，說實在，當這麼厲害的對手兵臨城下時，除了防堵以外，似乎並沒有什麼能夠立即應戰的方法。所謂勤洗手、勿接觸禽鳥、少到疫區去、有疑似症狀要立刻通報就醫……這些都是危機處理之必須。然而，有一件事卻值得大家去留意。

聯合新聞網二〇一三年四月二十八日的一則報導：「國內首例感染 H7N9 流感的李姓台商，到台大醫院即重症插管，現仍靠葉克膜維繫生命。台大醫學院小兒科教授江伯倫懷疑，H7N9 病毒也可能導致像 SARS（嚴重急性呼吸道症候群）的『細胞激素風暴』，身體免疫系統自我攻擊造成重症。

「過去 SARS 或 H5N1 禽流感患者，多死於多重器官衰竭，體內病毒量不多，卻有嚴重發炎反應。江伯倫解釋，這是因為人體仍不太認識新興病毒，過度免疫反應，導致人體大量發炎。」

這個意思簡單講，是說，其實是因為身體對某些病毒太陌生，引起過度強烈的反應，免疫系統自我攻擊才造成嚴重的病症。所以致命的並不是 SARS 和 H5N1，而是人體對它們的反應。

打個比方，一個完全不看恐怖片的人，有一天突然看到３Ｄ貞子，結果當場嚇到心臟病發作送醫不治；可是對一個經常看恐怖片的人，他就覺得還好，可能還可以一邊吃爆米花。

根據醫學的研究，人體負責擊退外來病菌的白血球，對於任何交過手的細菌，都會留下某種記憶，往後遇到同類型的病菌時，就會動員得更好，更容易打勝仗。也就是說，我們的免疫系統是能夠學習的，如果讓它適度的接受挑戰，逐日地累積經驗，它會變得更強大，保護身體的作戰能力就會愈強。因此就防疫工作來說，真正長遠宏觀的做法，其實是透過一些方法，逐日提高人體本身的防疫戰鬥能力。

目前人類與野生的自然環境，產生了愈來愈大的分離。小時後我們的操場還有泥土，戶外還到處都是農田、野地；可是現在的孩子生活在鋼筋水泥包裹的世界，甚至連空氣都經過了空調過濾器。當然成人自己也生活在裡面，於是我們跟各種動植物的接觸，在種類和頻率上都愈來愈少；表面上我們鑄造了一個相當穩定而安全的環境，但久而久之，身體便只習慣於和某些「城市生活裡」常見的微生物打交道，卻與城市之外更廣闊的自然環境的微生物，愈來愈陌生了。那麼，當來自荒野某些經過突變演化的病菌，透過侯鳥或某些物種帶入城市時，就可能對人體而言構成極大的殺傷力。

如果我們的生活沒有與自然如此隔離，而一直有機會較頻繁的接觸，那麼在平常接觸的時候，身體就會接受到較多元化的挑戰，而讓免疫系統跟著大自然的演化同步升級。假設某種細菌十年之內，從版本一演化成版本七，但由於人體平常也有機會接觸到它，就能把自己的戰鬥經驗值也從版本一演化到版本六，那麼就算接觸到了版本七的細菌，它也比較容易應付，更快升級。從人類的角度說，你可能就等於感冒了幾天，生一場小病就好了。反之，試想，如果身體的經驗值還停留在版本一，突然接觸到版本七的細菌，差距如此之大，當然會無法應付，潰不成軍。

如SARS、H7N9，這幾年致命病毒讓所謂醫藥昌明的人類束手無策，這是來教我們看見，人類與大自然太過隔離的後果。危機處理固然重要，但防堵絕不是治本之道，全球的政府都應該改變它們的防疫觀念，要開始讓國民能夠去彌合自己與自然之間的斷裂。

具體做法當然很多，但大方向就是：我們必須讓人類生活的環境，恢復物種的多樣性和豐富性，讓大家在日常生活中就能夠更容易接觸到。比如說，城市需要更多的自然，卻不只是所謂的「綠地」，而是更豐富多元的生態自然區；我們的學校操場可能不應該再鋪設PE跑道，要恢復成泥土地面，讓我們的孩子常常接觸土壤等等。總之，我們必須邀請更多種類的動植物進入我們的文明架構當中，學習與他們一起生活，並能夠有更頻繁的接觸；如此一來，我們的免疫系統才能有更多機會，與自然界其他可見或不可見的物種，在互動中取得一種相對的演化，我們在防疫工作上付出的代價就會降低許多。

當然這就牽涉到重新改變對「城市」的定義和規畫。這並不是一蹴可幾的，所以對我們小老百姓而言，自求多福的方法，就是我們自己要更常接觸大自然。當然在非常時期還是必須減少造訪病毒可能存在的場所，但在平常的日子裡，則應該經常帶孩子到大自然中，允許自己和孩子接觸較多樣化的動植物、泥土，允許他們在其中玩耍。也許因為淋雨、玩水弄濕了身體而感冒，但這些都不是壞事，而是讓我們的身體能夠透過多元的考驗，得到更豐富的經驗，提升免疫力。

其實生命中很多道理都是一樣的。個性孤僻、不常接觸人群的人，碰到人際關係問題常常會無法處理，反應過於強烈；這樣的人，如果願意刻意讓自己多一些與不同的人打交道的經驗，就算有挫折，也會開始習慣與人相處中的酸甜苦辣，甚至有機會慢慢地對事情有更多角度的瞭解，就不容易只在一個角度上受傷了。如果把自己保護得太好，或不想碰的就不去碰，總有一天，當防護自己的人事物變異的時候，自己就會陷入極大的恐懼和軟弱中，彷彿毫無招架之力，這時就會發現，過度的保護其實正創造了極大的危險。

防疫，真的不只是勤洗手、不接觸禽鳥、有疑似症狀立刻就醫等等做法。事實上，有時反而讓人們對大自然更加恐懼，導致人們把暫時性的「隔離」做法，變成了常態性觀念，讓我們與自然分離得更遠，而使得人體的免疫功能愈來愈失去成長的機會。

人體不是如此脆弱的，它的潛能在多元的自然環境中就能茁壯。所以真正的防疫工作，最有效益、成本又最低的，其實是恢復對大自然更頻繁的接觸。H7N9也許只是一場二〇一三年的驚魂記，但未來還有什麼新的病毒呢？我們無從得知。然而流行病學家應該告訴人們，他們可以做的最正確的事，就是在往後的生活中，更多地讓自己從這座水泥叢林中走出去。

# 〈歡迎你，真相！〉

今天早上又看到新聞：知名百年豆干老店使用油漆用染劑製作豆干，量販店販賣過期一年冷凍肉粽。

黑心食品連環爆，不知道你是開心還是不開心？

我開心！開心的是，每當大家知道得更多，我確定事情就在改變。

有新聞標題說，台灣淪為黑心食品島。「淪為」是個動詞，但台灣早就是了，我們只是沒有辦法讓這個真相曝光；現在一一曝光，我們不是應該高興嗎？

另外，陸陸續續許多黑心食品曝光的背後，一定有人檢舉，而這些人為了保護自己，也永遠不願意被人認識，可是我們事實上受惠於他們。也許有的人只是某個食品工廠裡面的一名小員工，可是他無法昧著良心無視自己看到的無良產品，終於冒著危險啟動了真相的爆發。

我們不要忘了感謝他們，我們該感謝、該開心。世界上任何炸彈都很可怕，唯有真相的炸彈絕不可怕，相反的，它是救贖！

我這麼說，是為了想改變目前大家每天面對黑心商品不斷浮出檯面的負面情緒反應。如果你真的去深思的話，我們是應該高興的！該沉重的是那些犯了錯的商人！

每多爆出一件黑心真相，我們早已置身於其中的毒害就正減一分！台灣已經是癌症之島，大家都找不出原因，反而讓藥商大發利市。其實癌症不是沒有原因的，就是因為原因太多太多！包括無數黑心食品對人體長期的多方侵蝕，加上現代生活遠離自然，M型化社會的不平等發展，壓力又太大，最大多數的人們幾乎被釘在痛苦無奈的十字架上，只能在惡性循環中想辦法成為倖存者。可是青蛙們究竟知不知道，這刺痛的溫水是從哪裡加熱的？

所以我歡迎真相的轟炸，愈多愈好！我也感謝所有揭露真相的人，我知道你們付出了代價。但是，我會用我的筆，用我的聲音，用我的臉書，發揮我的一己之力，直到讓你們見到一個新世界的遠景。

國家圖書館出版品預行編目資料

理念崛起：準備面對 2015-2025 臺灣社會大蛻變，突破盲點，看見你的生涯契機 / 章成，M.FAN 先生合著. -- 初版. -- 臺北市：商周出版：家庭傳媒城邦分公司發行，2014.08
面； 公分

ISBN 978-986-272 633 4( 平裝 )

1. 未來社會 2. 趨勢研究

541.49 103014030

# 理念崛起 準備面對2015～2025台灣社會大蛻變，突破盲點，看見你的生涯契機

作　　者 / 章成、M・FAN先生
企劃選書 / 徐藍萍
責任編輯 / 徐藍萍

版　　權 / 翁靜如、吳亭儀
行銷業務 / 林秀津、何學文
副總編輯 / 徐藍萍
總 經 理 / 彭之琬
發 行 人 / 何飛鵬
法律顧問 / 台英國際商務法律事務所 羅明通律師
出　　版 / 商周出版
台北市104民生東路二段141號9樓
電話：(02) 25007008 傳眞：(02)25007759
E-mail：bwp.service@cite.com.tw
Blog：http://bwp25007008.pixnet.net/blog
發　　行 / 英屬蓋曼群島商家庭傳媒股份有限公司 城邦分公司
台北市中山區民生東路二段141號2樓
書虫客服服務專線：02-25007718；25007719
服務時間：週一至週五上午 09:30-12:00；下午 13:30-17:00
24 小時傳眞專線：02-25001990；25001991
劃撥帳號：19863813；戶名：書虫股份有限公司
讀者服務信箱：service@readingclub.com.tw
城邦讀書花園：www.cite.com.tw
香港發行所 / 城邦（香港）出版集團有限公司
香港灣仔駱克道193號東超商業中心1樓；E-mail：hkcite@biznetvigator.com
電話：(852) 25086231 傳眞：(852) 25789337
馬新發行所 / 城邦（馬新）出版集團 Cite (M) Sdn. Bhd.
41, Jalan Radin Anum, Bandar Baru Sri Petaling, 57000 Kuala Lumpur, Malaysia.
Tel: (603) 90578822 Fax: (603) 90576622 Email: cite@cite.com.my

封面設計 / 張燕儀
排　　版 / 極翔企業有限公司
印　　刷 / 卡樂彩色製版印刷有限公司
總 經 銷 / 高見文化行銷股份有限公司 新北市樹林區佳園路二段70-1號
電話：(02)2668-9005 傳眞：(02)2668-9790 客服專線：0800-055-365

■2013年7月31日初版
■2020年12月15日初版3.5刷
定價280元
Printed in Taiwan

城邦讀書花園
www.cite.com.tw

 ISBN 978-986-272-633-4

商周出版

| 廣　告　回　函 |
| --- |
| 北區郵政管理登記證 |
| 北臺字第000791號 |
| 郵資已付，免貼郵票 |

104　台北市民生東路二段141號2樓

英屬蓋曼群島商家庭傳媒股份有限公司城邦分公司　收

請沿虛線對摺，謝謝！

商周出版

書號：BU7036　書名：理念崛起　編碼：

請於此處用膠水黏貼

商周出版

# 讀者回函卡

感謝您購買我們出版的書籍！請費心填寫此回函卡，我們將不定期寄上城邦集團最新的出版訊息。

不定期好禮相贈！
立即加入：商周出版
Facebook 粉絲團

姓名：＿＿＿＿＿＿＿＿＿＿ 性別：□男 □女

生日：西元＿＿＿＿年＿＿＿＿月＿＿＿＿日

地址：＿＿＿＿＿＿＿＿＿＿

聯絡電話：＿＿＿＿＿＿ 傳真：＿＿＿＿＿＿

E-mail ：

學歷：□ 1. 小學 □ 2. 國中 □ 3. 高中 □ 4. 大學 □ 5. 研究所以上

職業：□ 1. 學生 □ 2. 軍公教 □ 3. 服務 □ 4. 金融 □ 5. 製造 □ 6. 資訊
□ 7. 傳播 □ 8. 自由業 □ 9. 農漁牧 □ 10. 家管 □ 11. 退休
□ 12. 其他＿＿＿＿＿＿

您從何種方式得知本書消息？

□ 1. 書店 □ 2. 網路 □ 3. 報紙 □ 4. 雜誌 □ 5. 廣播 □ 6. 電視
□ 7. 親友推薦 □ 8. 其他＿＿＿＿＿＿

您通常以何種方式購書？

□ 1. 書店 □ 2. 網路 □ 3. 傳真訂購 □ 4. 郵局劃撥 □ 5. 其他＿＿＿

您喜歡閱讀那些類別的書籍？

□ 1. 財經商業 □ 2. 自然科學 □ 3. 歷史 □ 4. 法律 □ 5. 文學
□ 6. 休閒旅遊 □ 7. 小說 □ 8. 人物傳記 □ 9. 生活、勵志 □ 10. 其他

對我們的建議：＿＿＿＿＿＿＿＿＿＿

＿＿＿＿＿＿＿＿＿＿

＿＿＿＿＿＿＿＿＿＿



請於此處用膠水黏貼

心存善念　福氣綿延